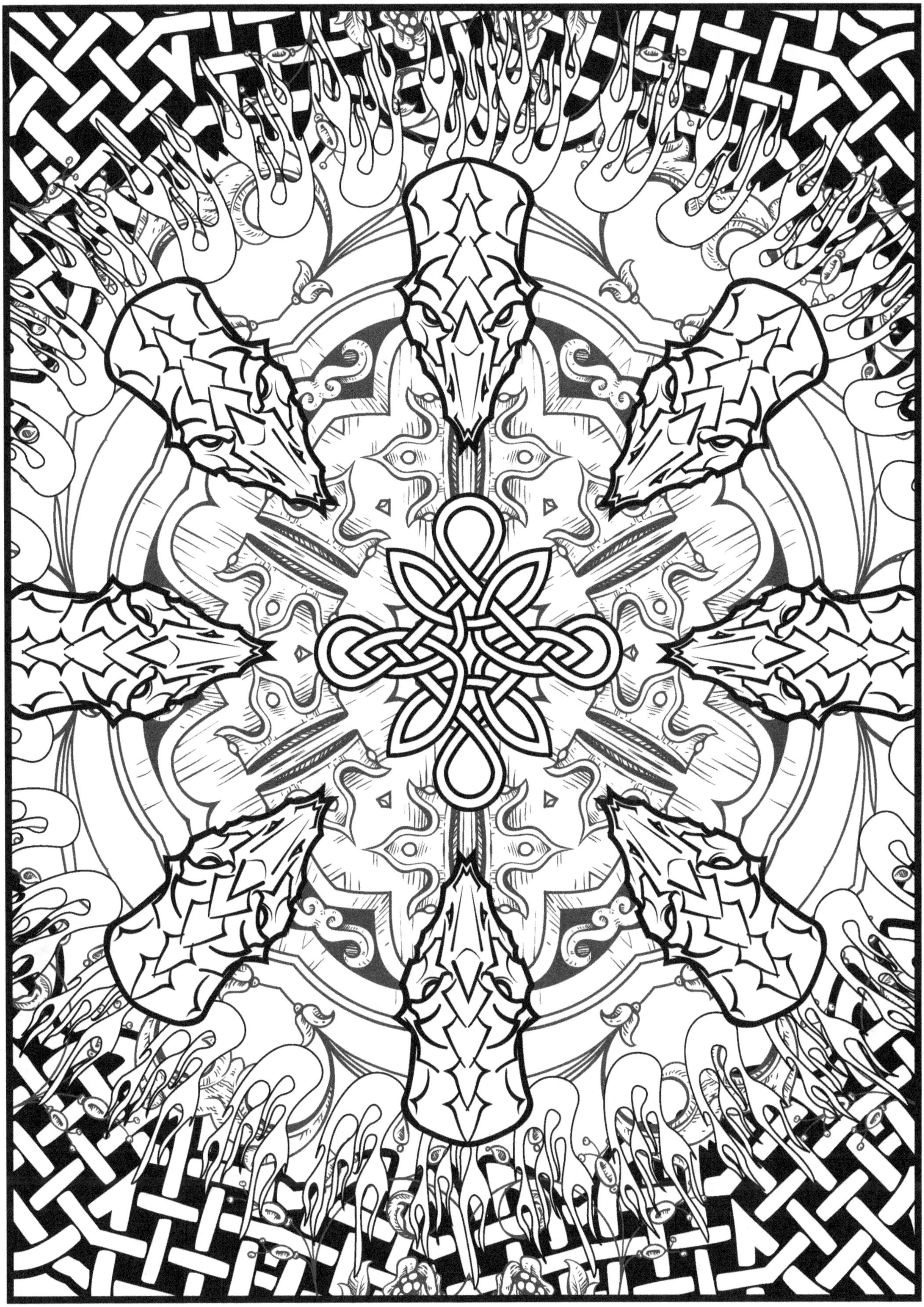

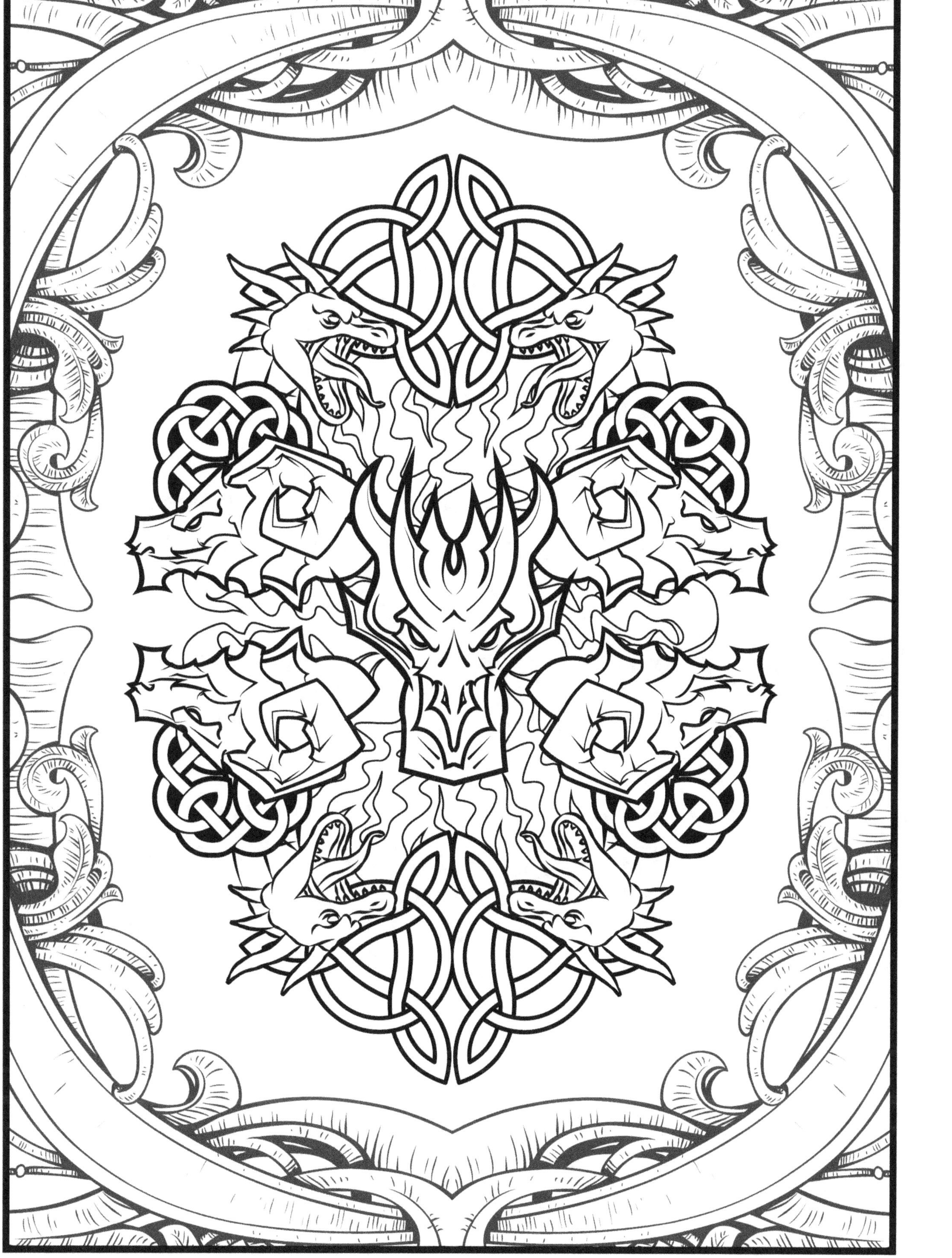

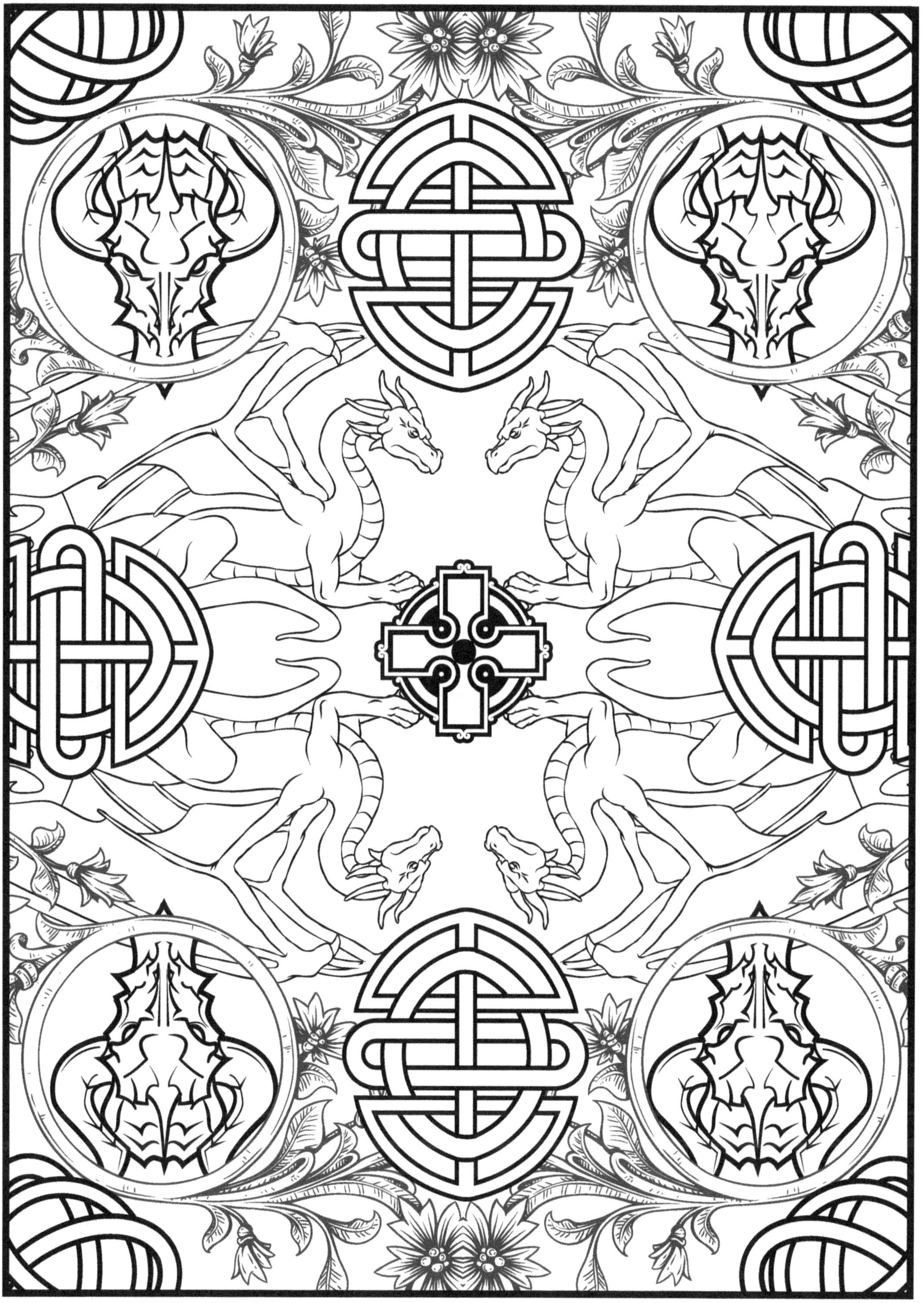

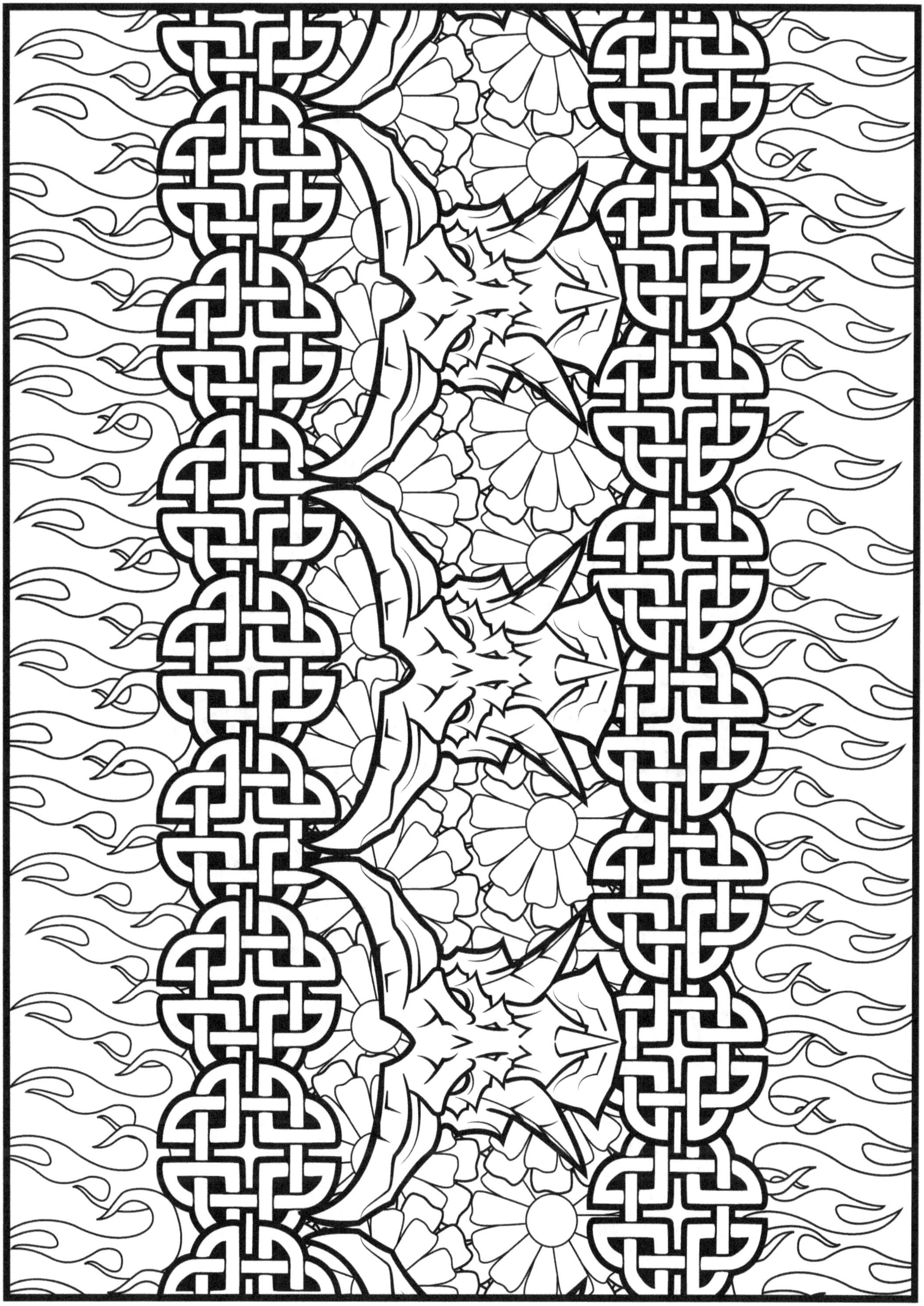

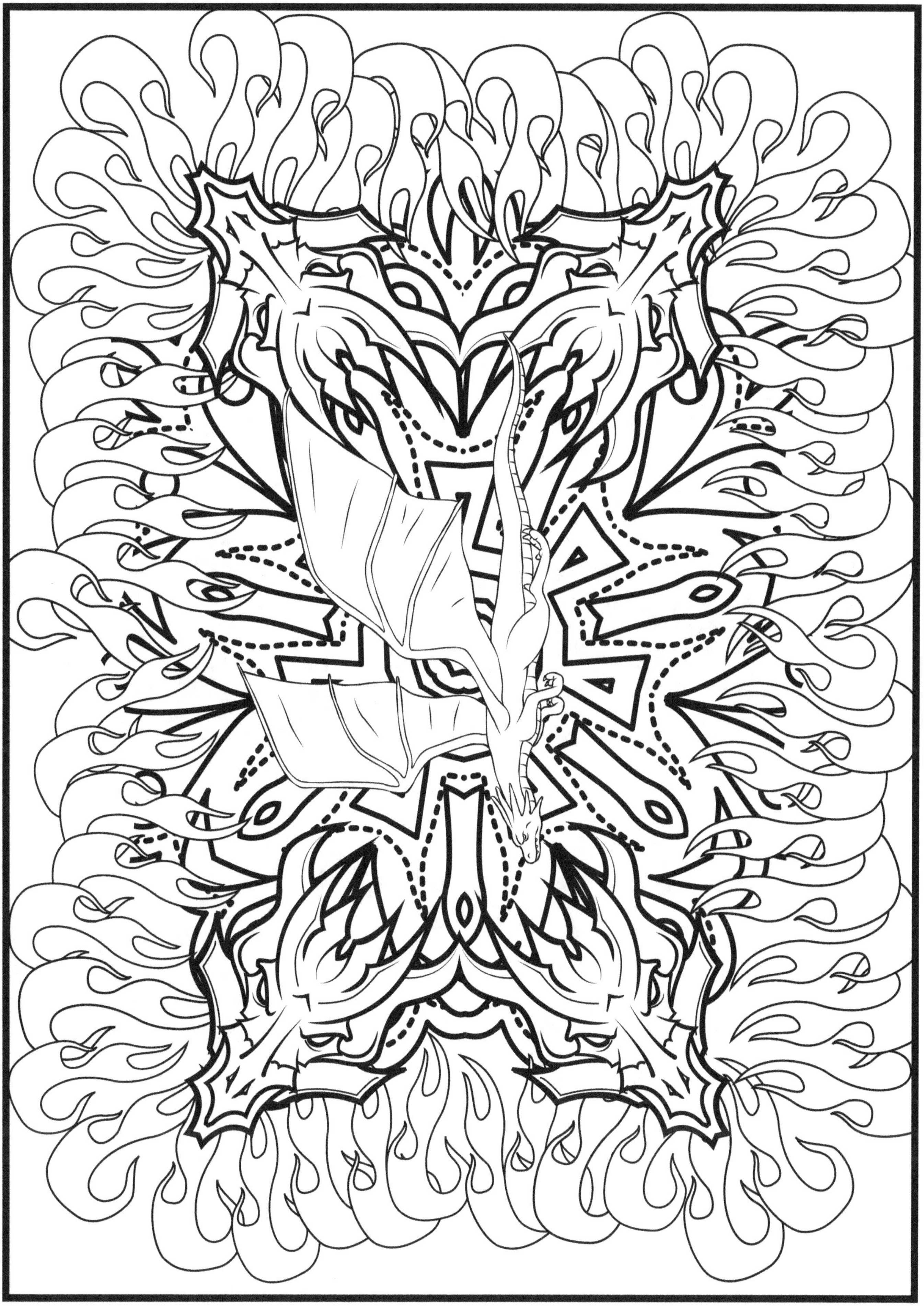

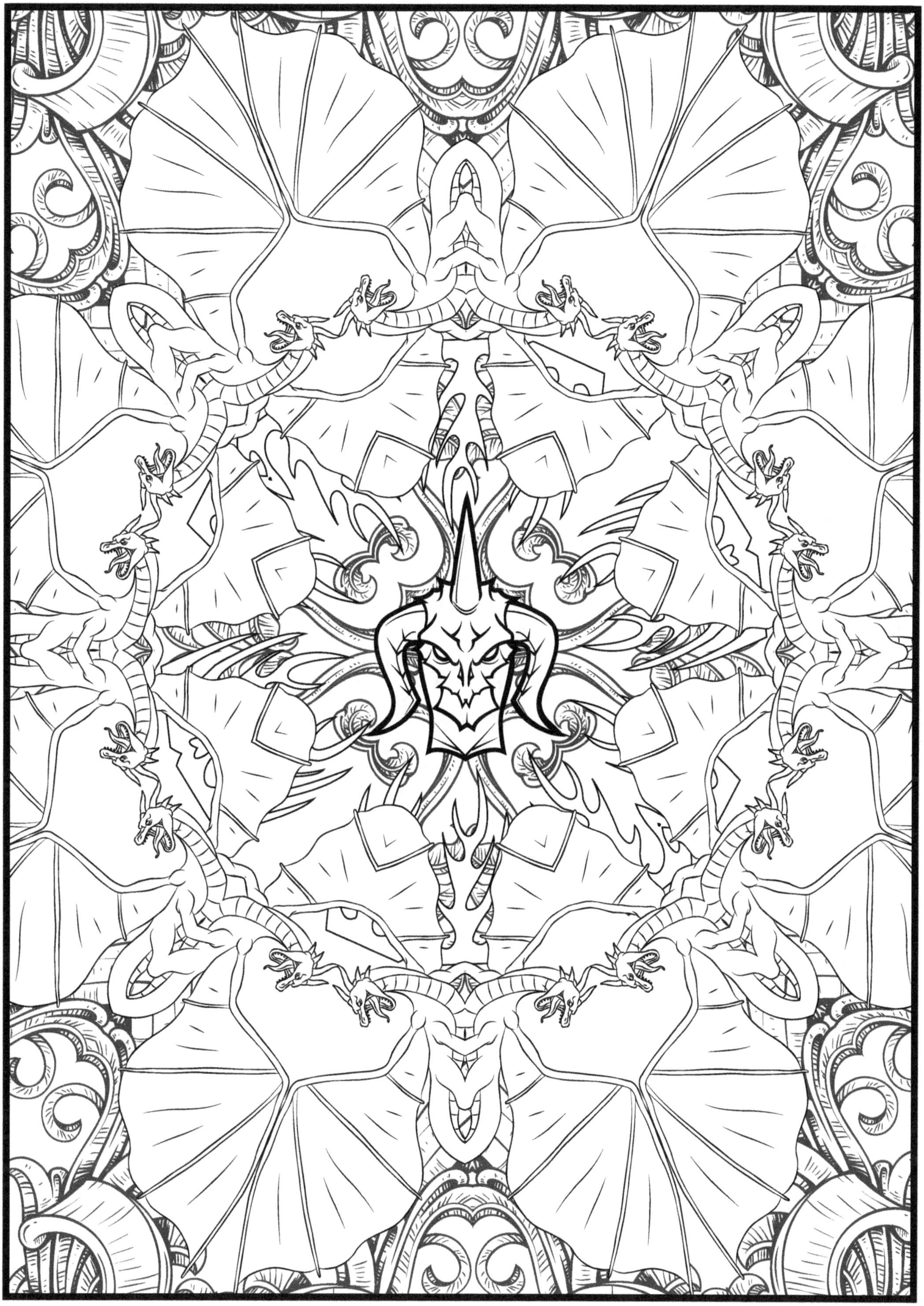

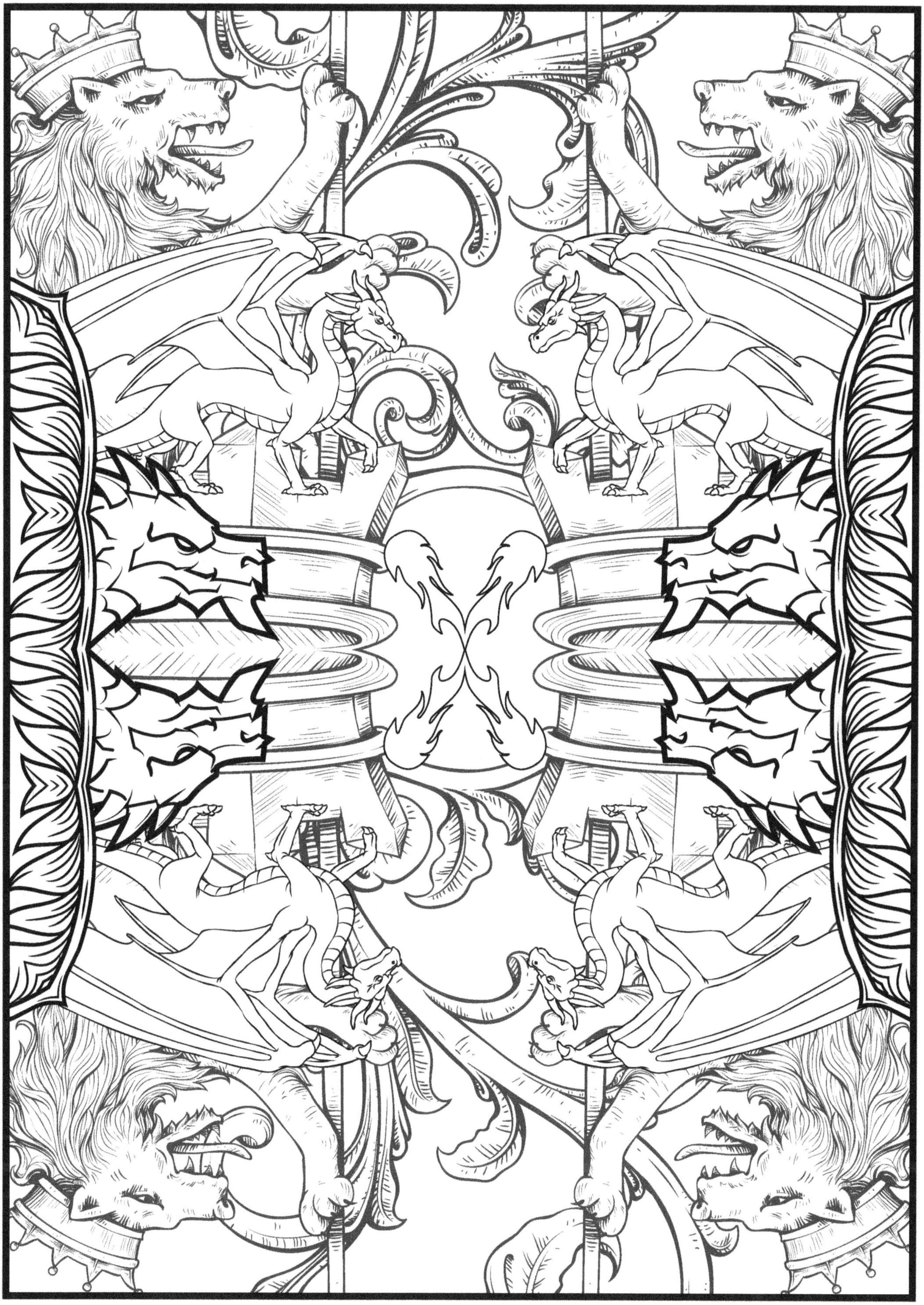

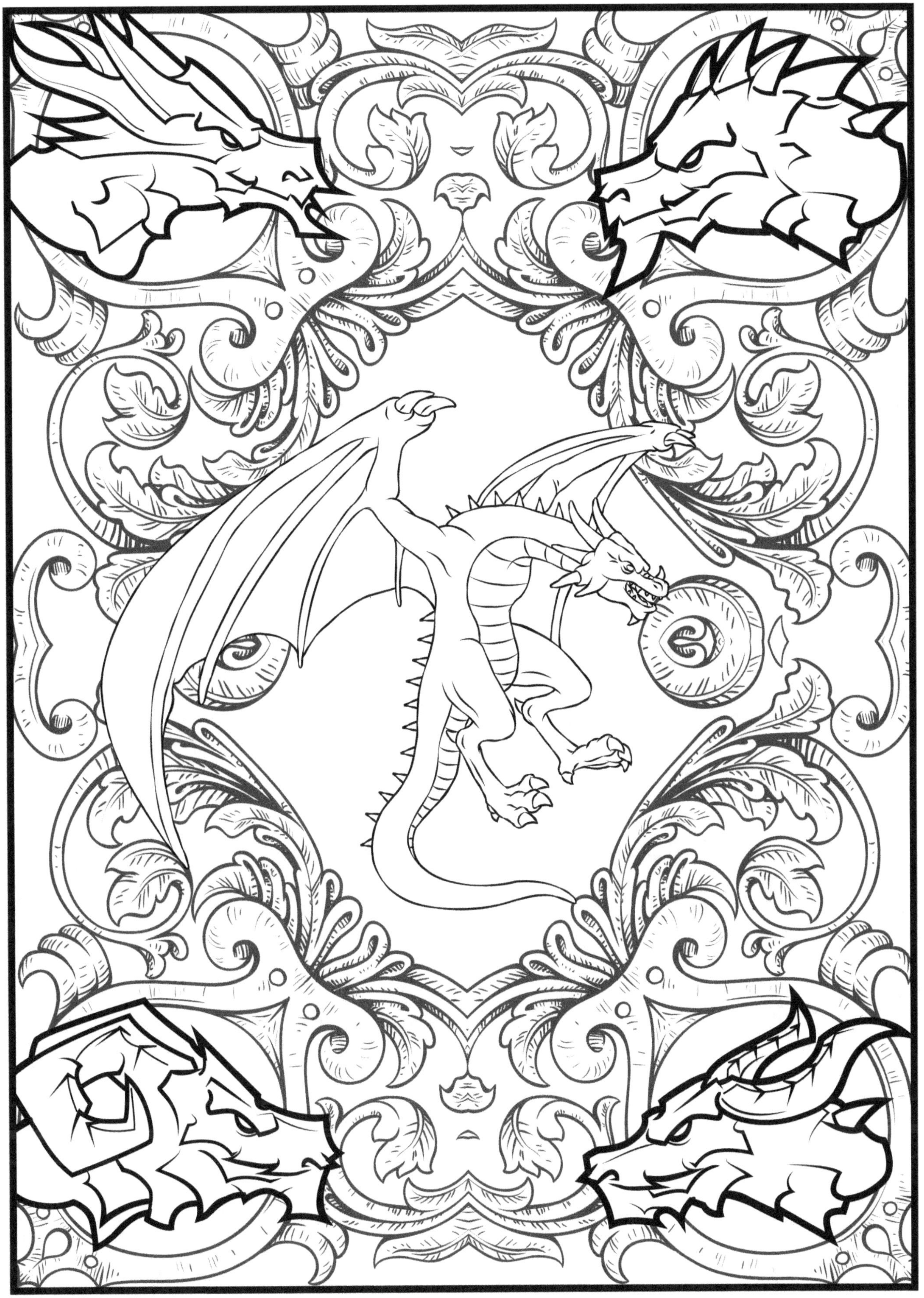

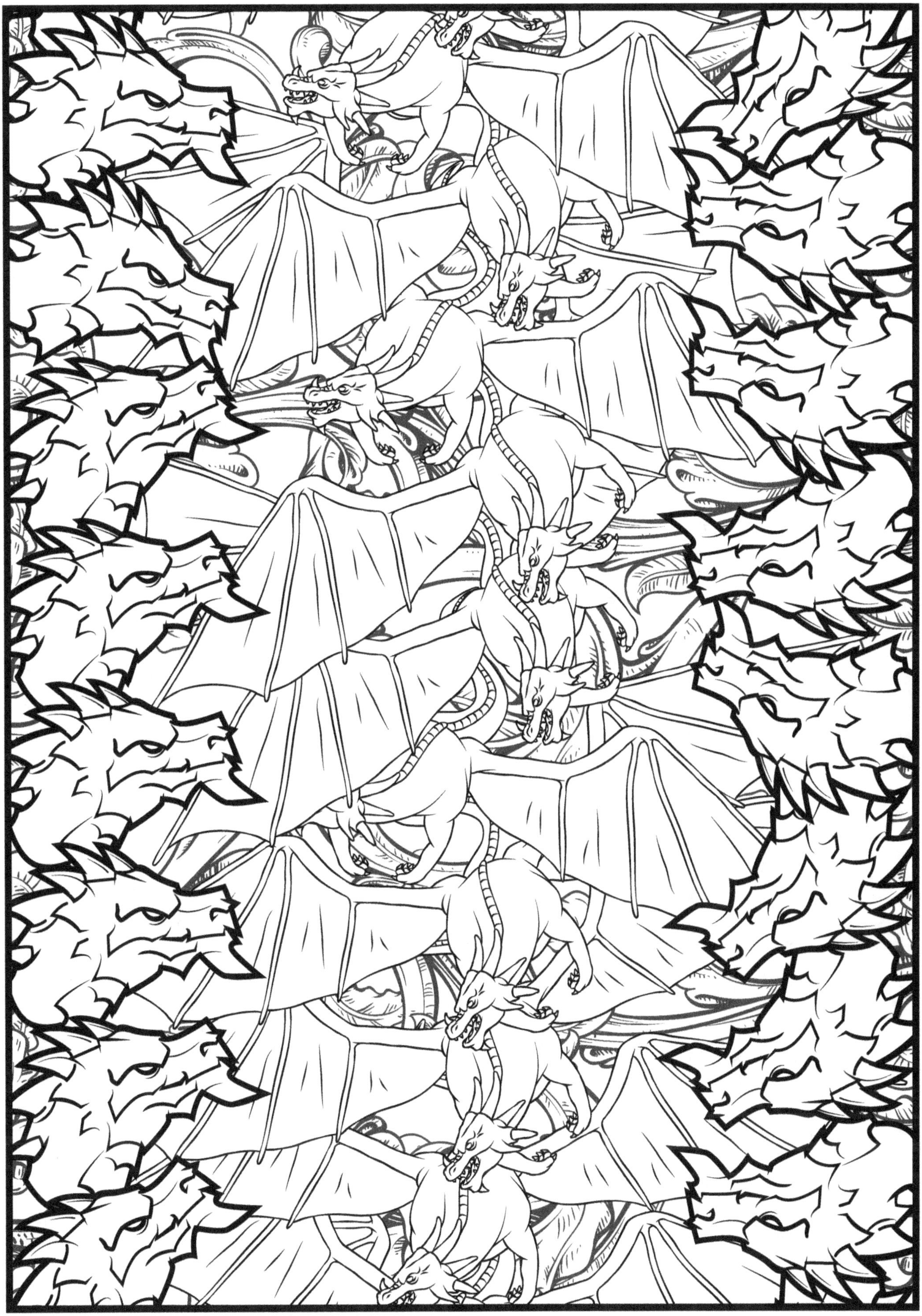

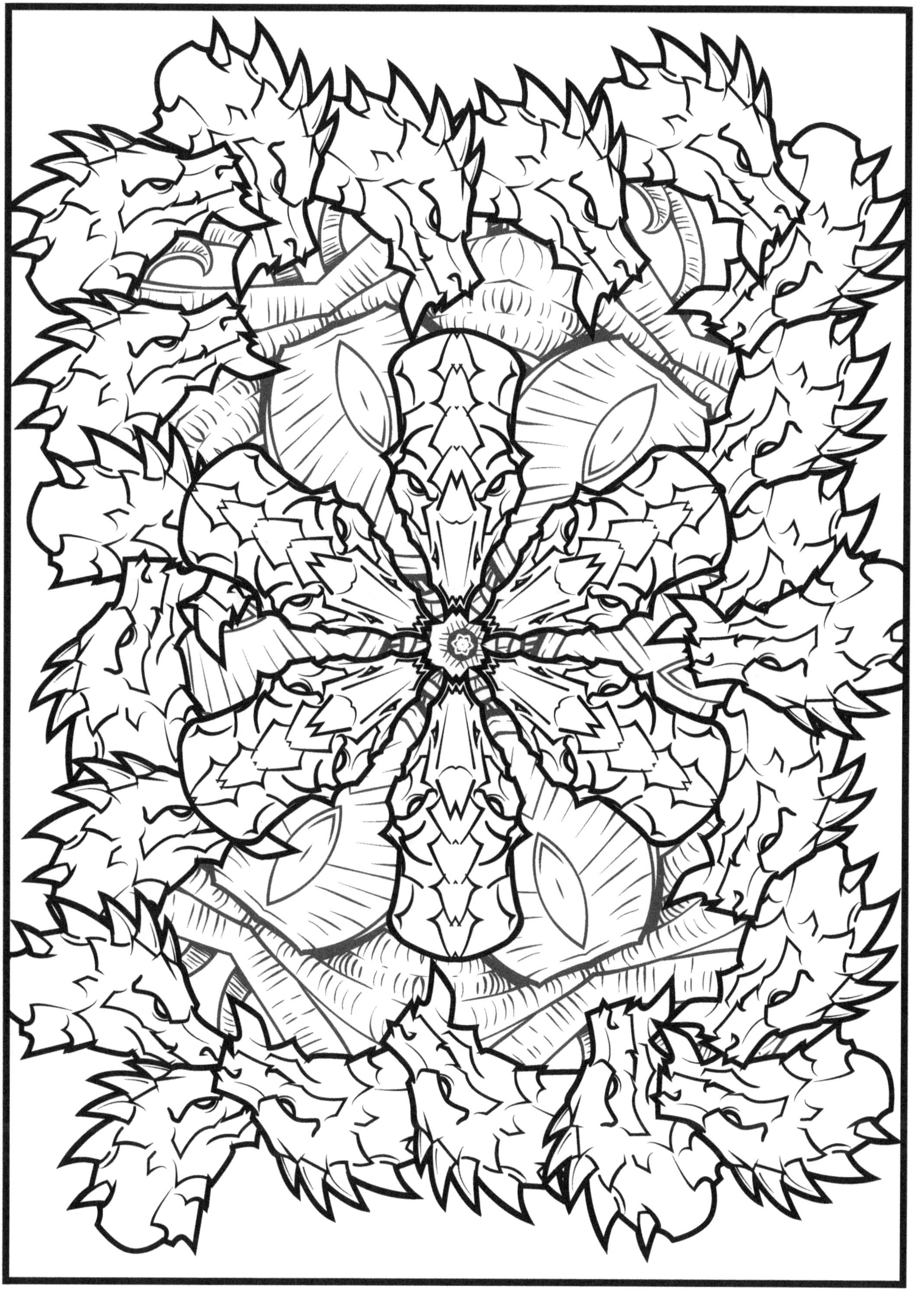

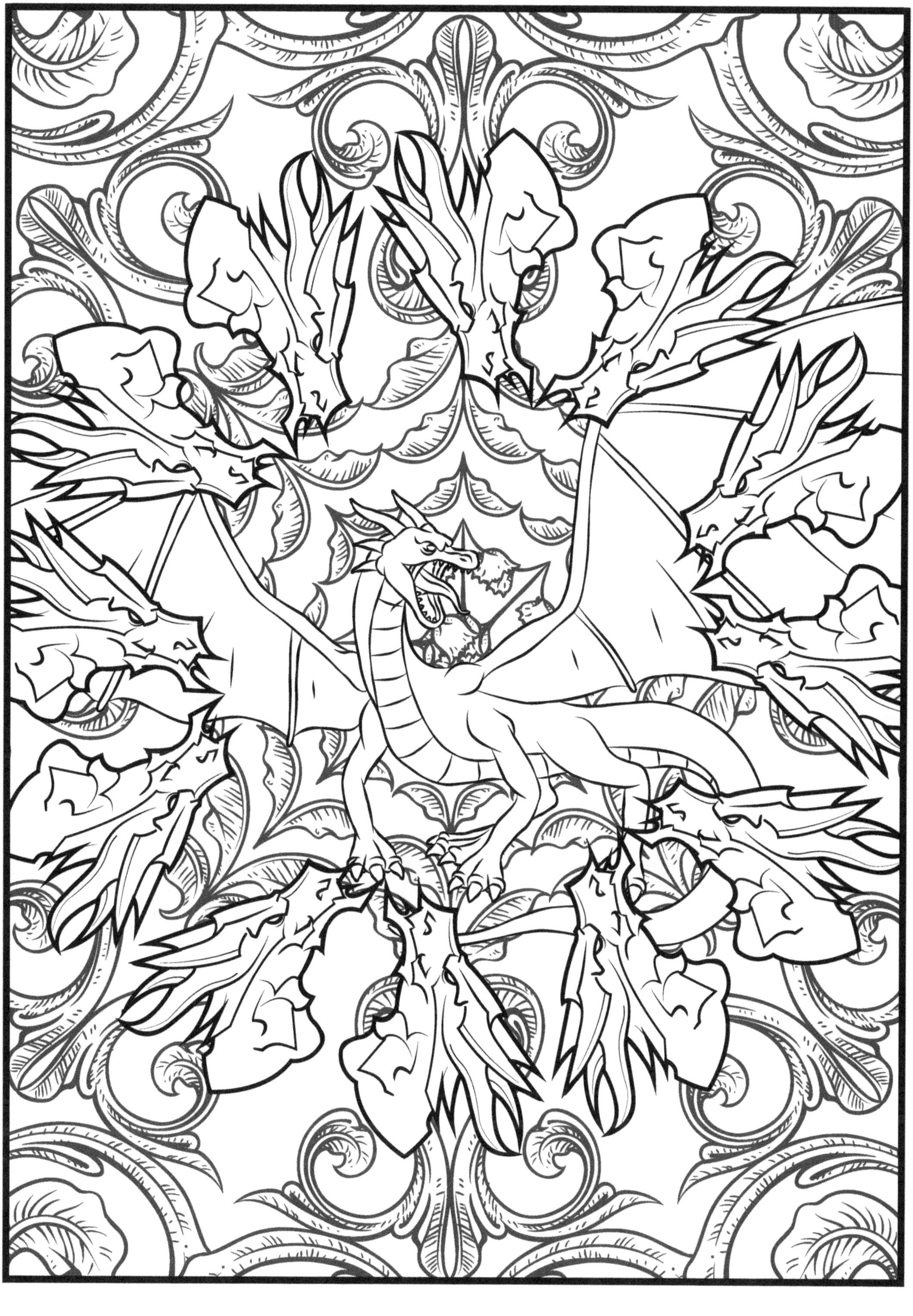

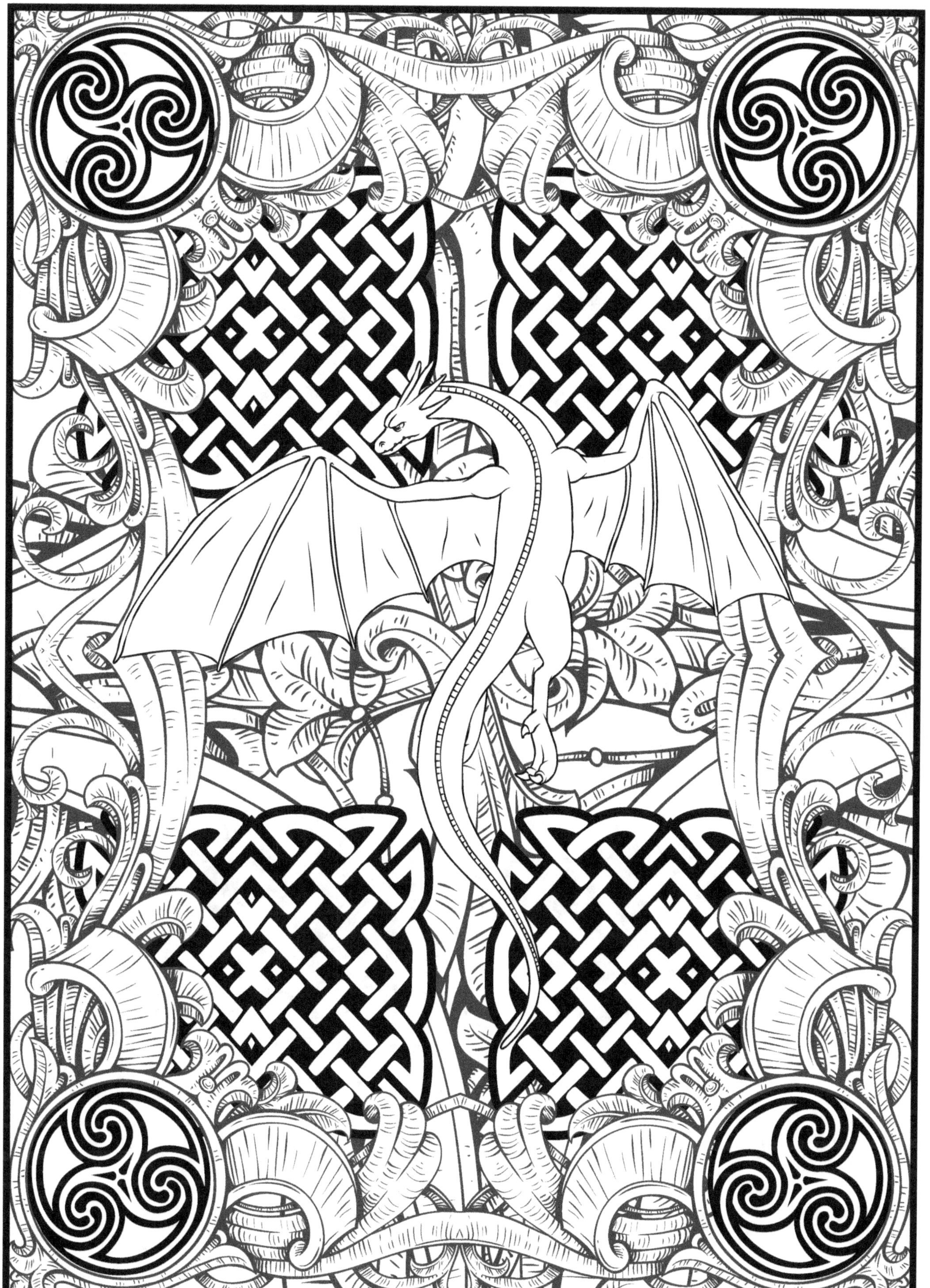

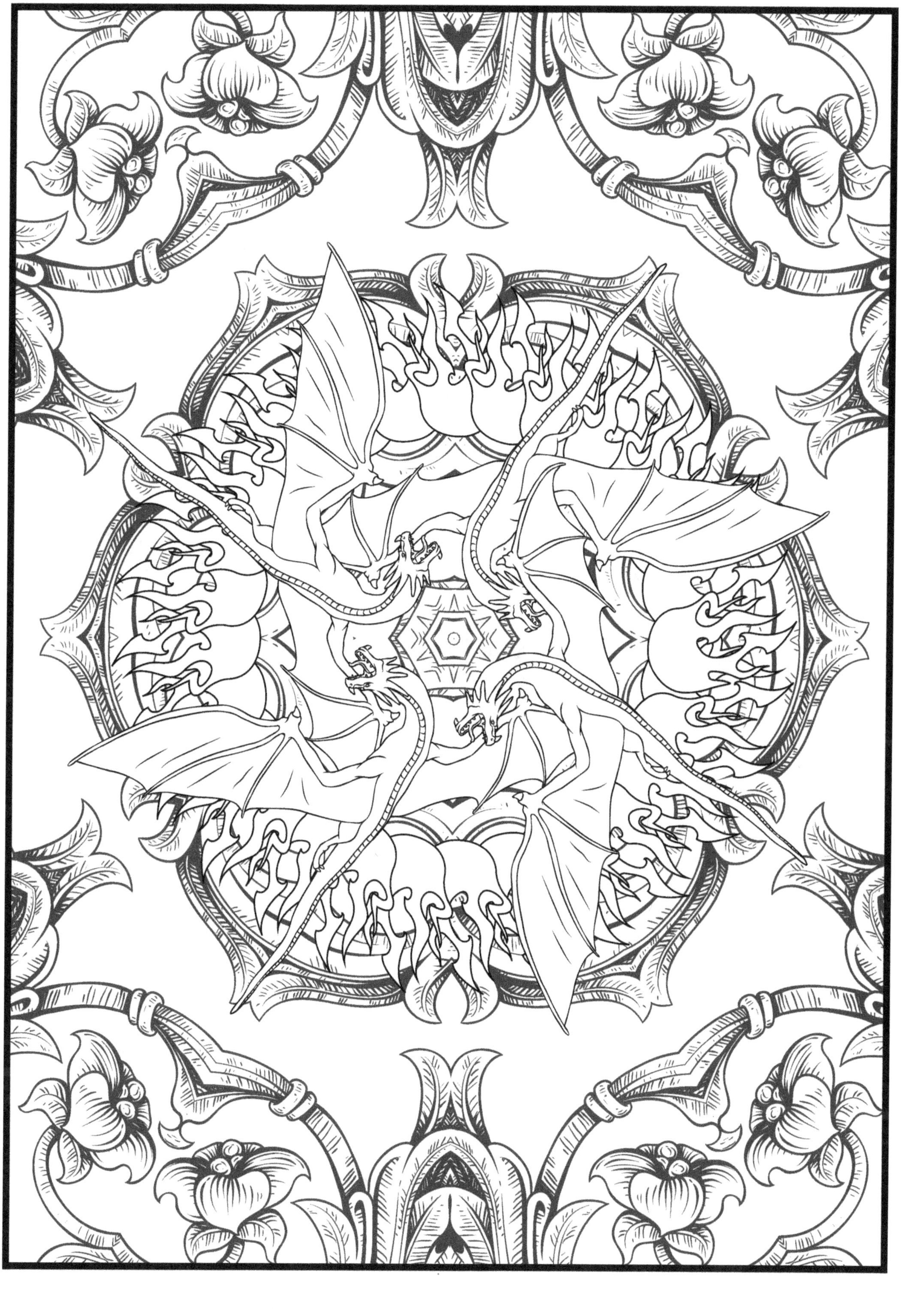

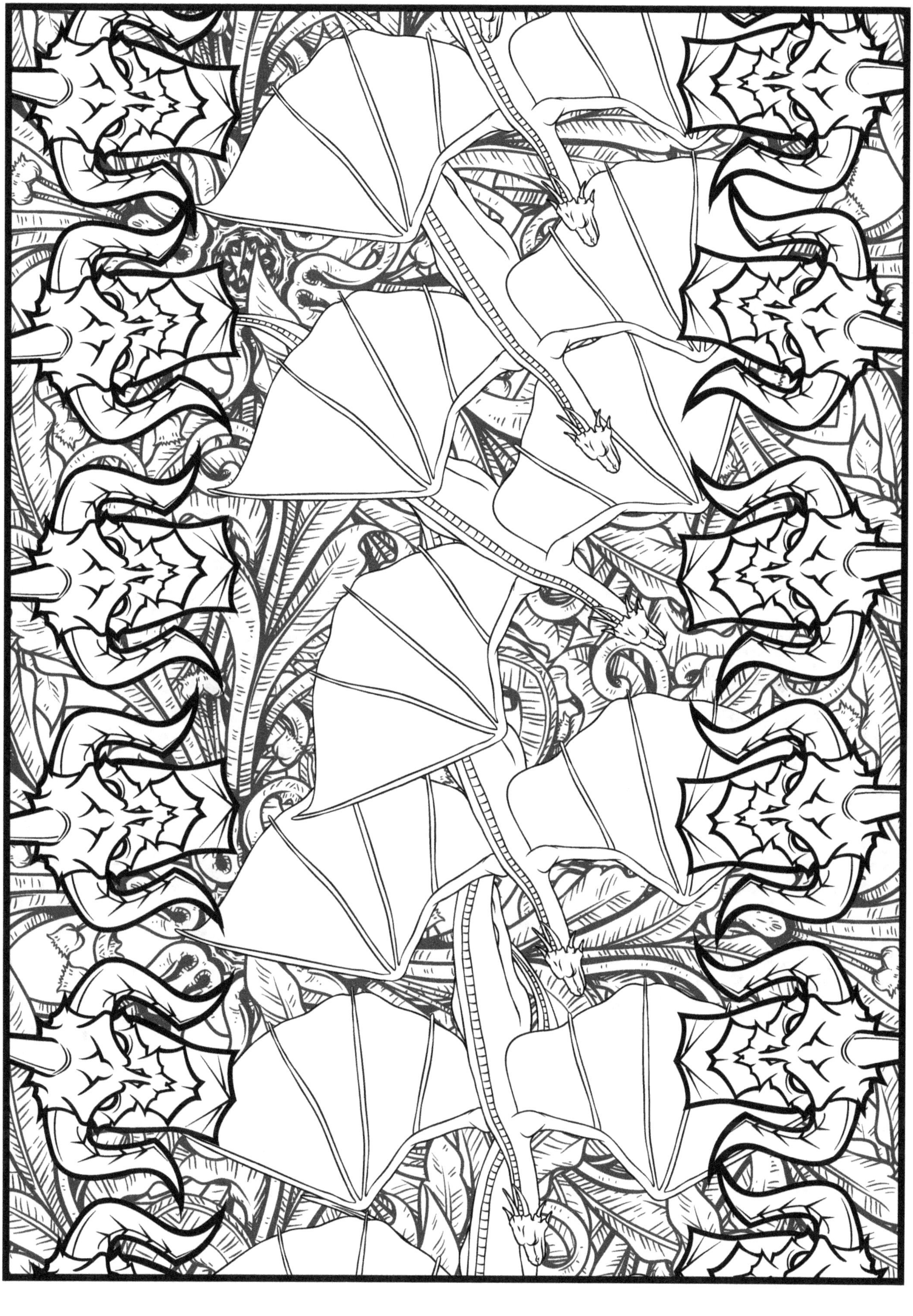

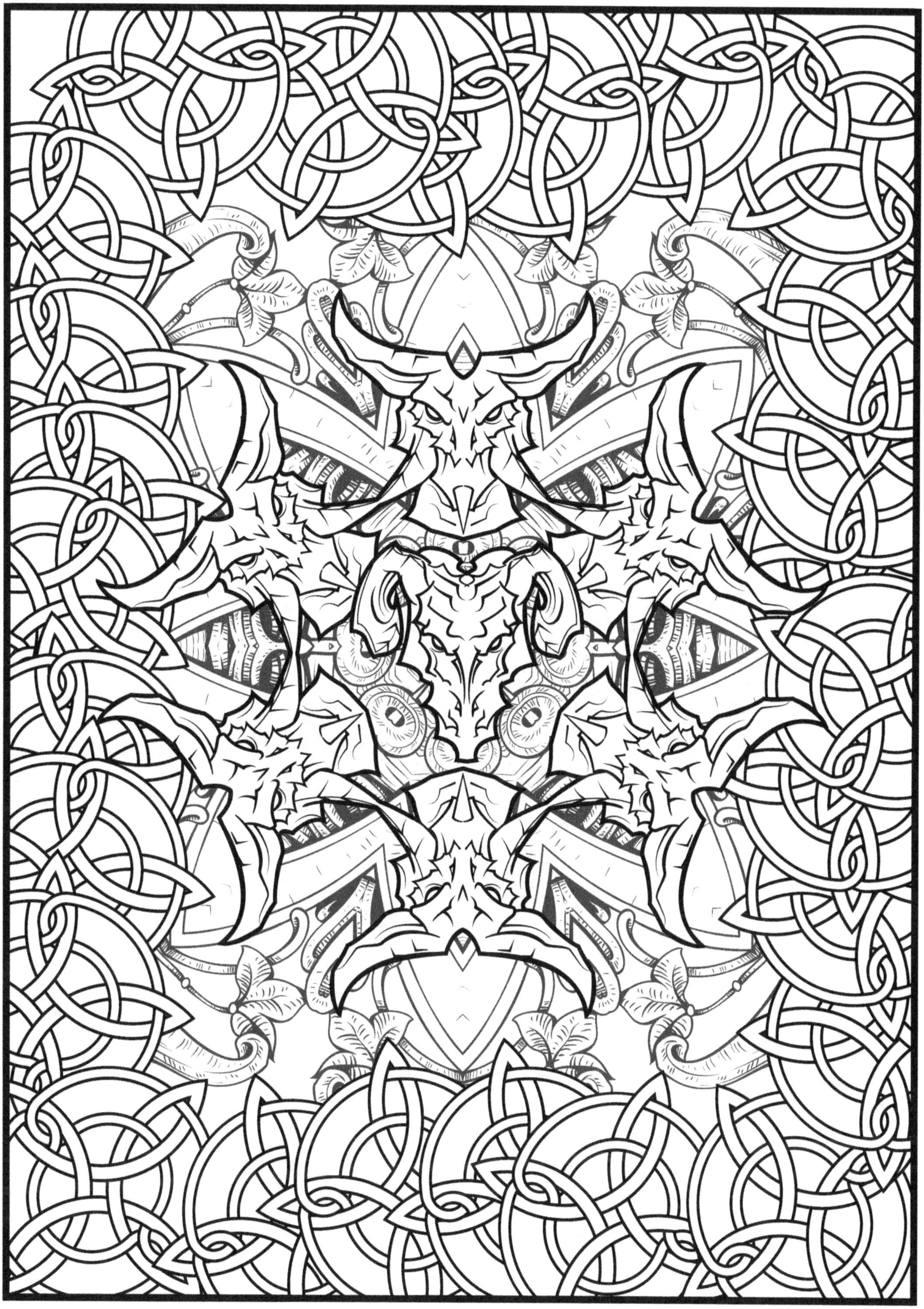

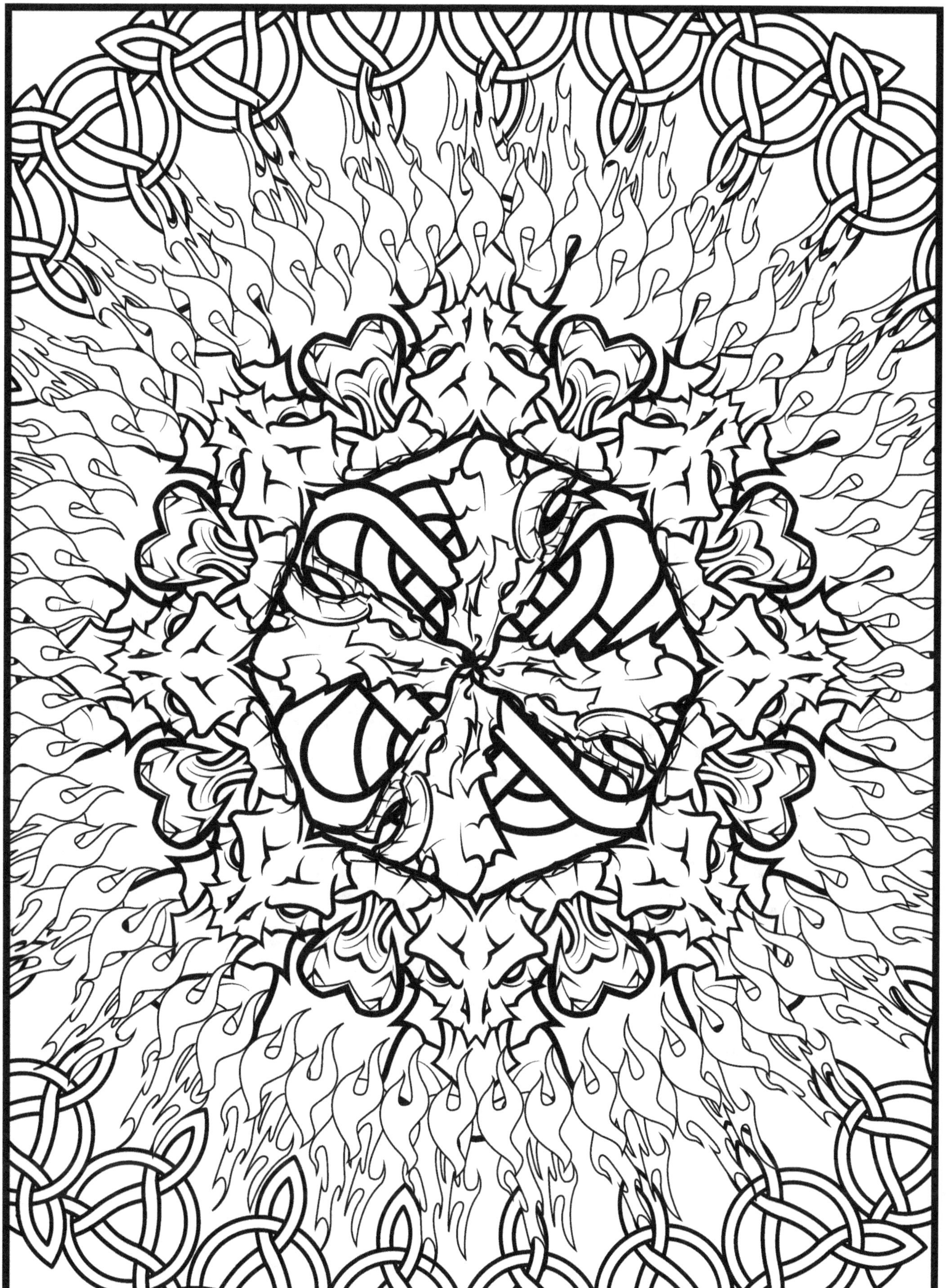

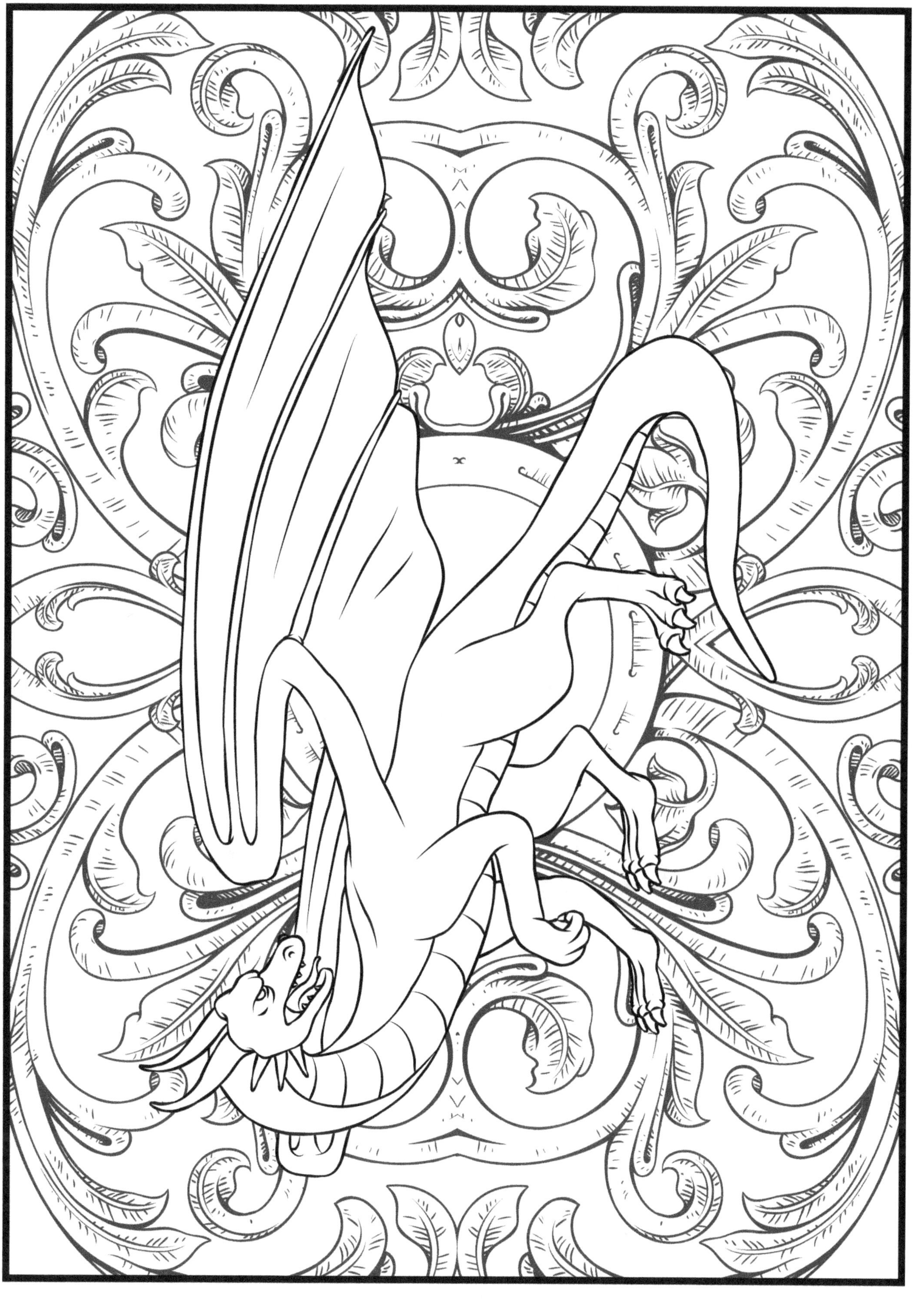

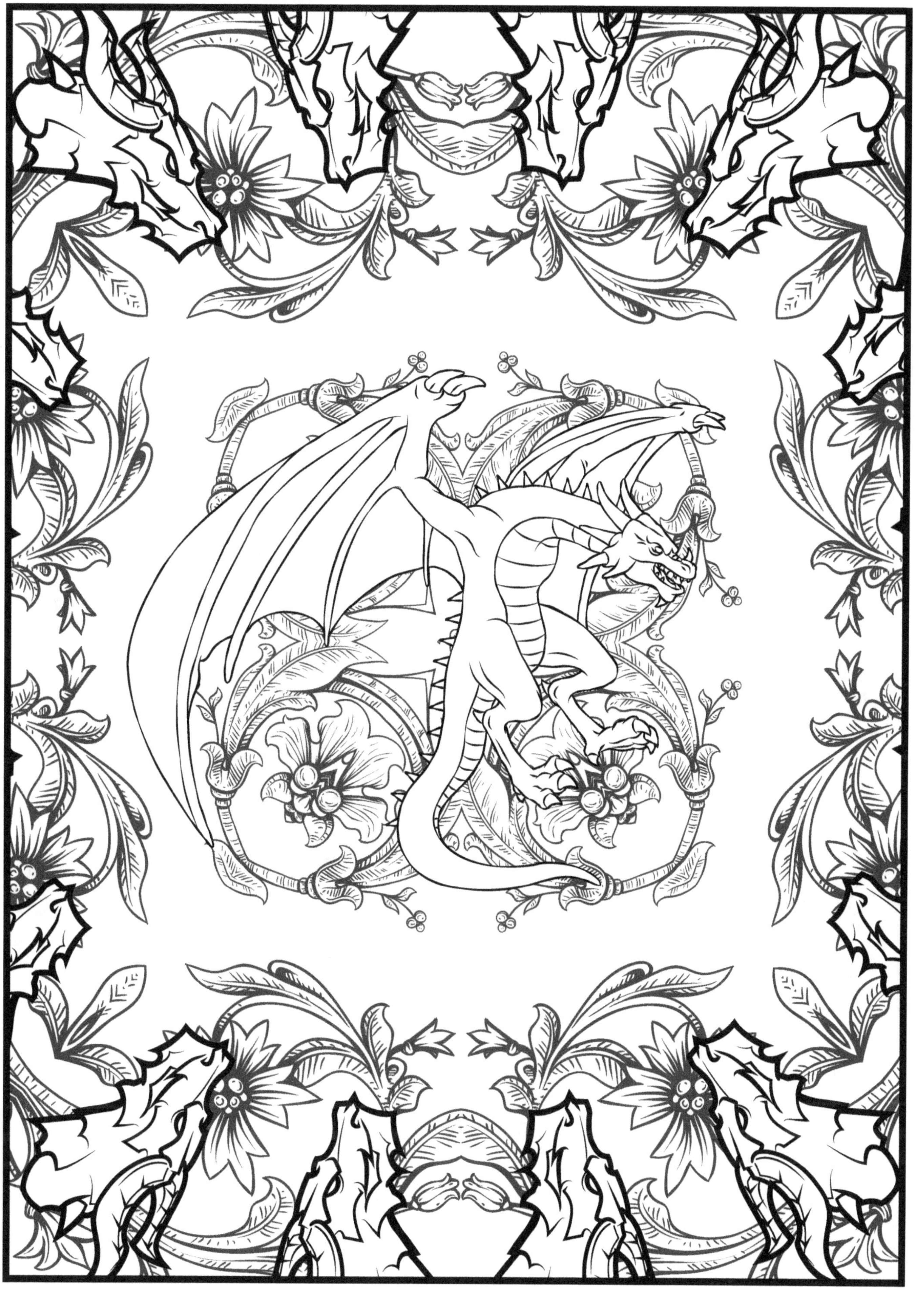

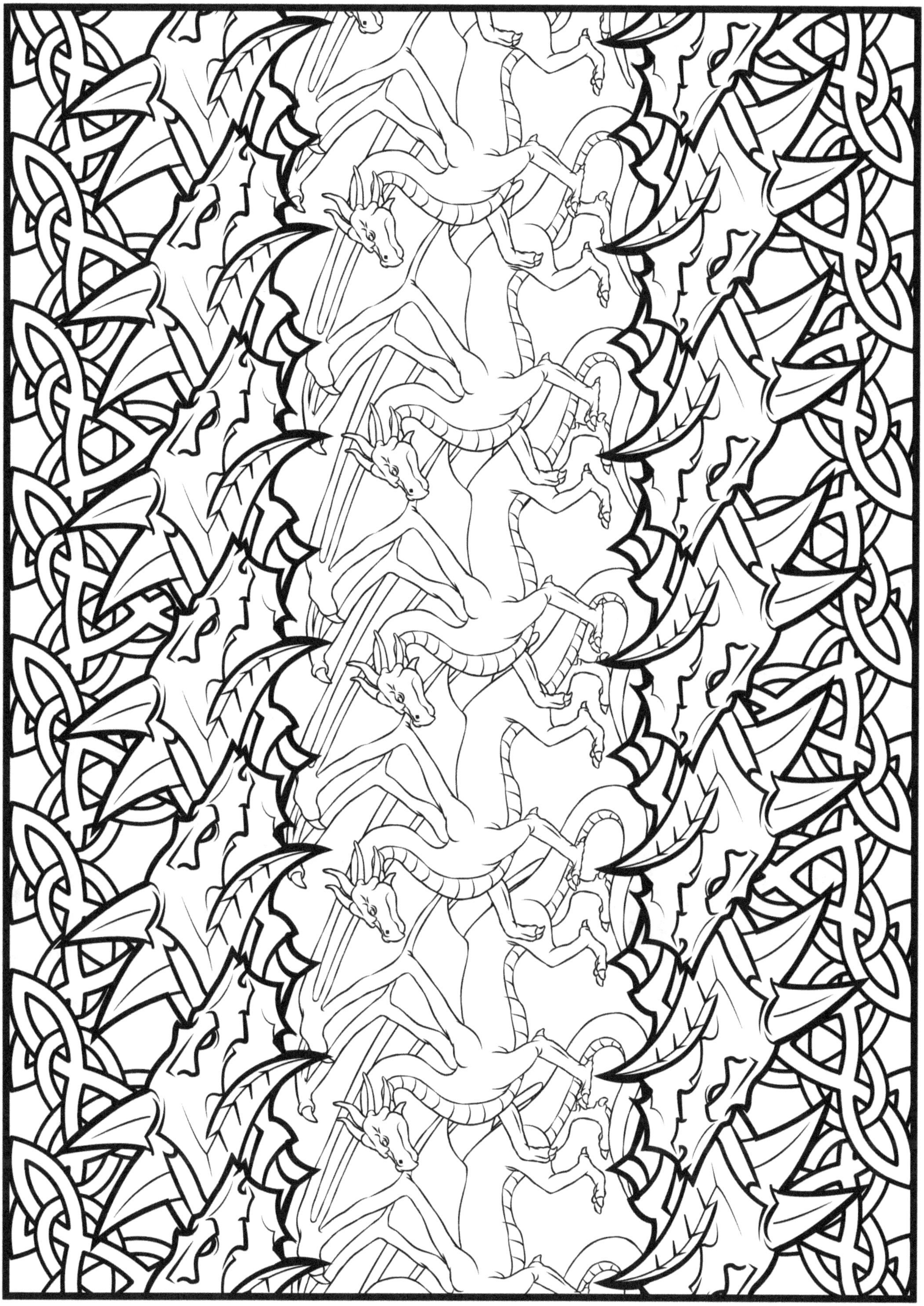

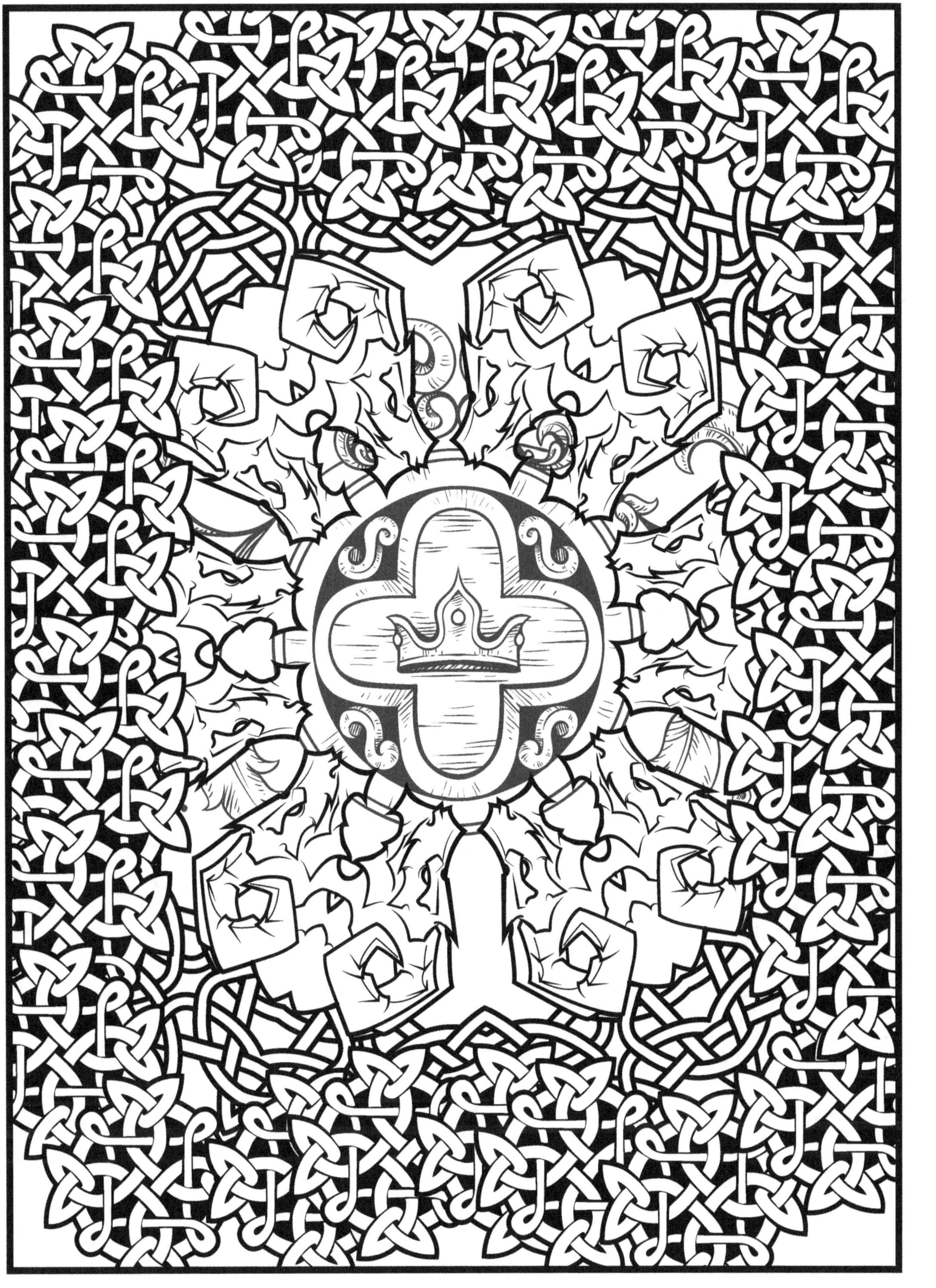

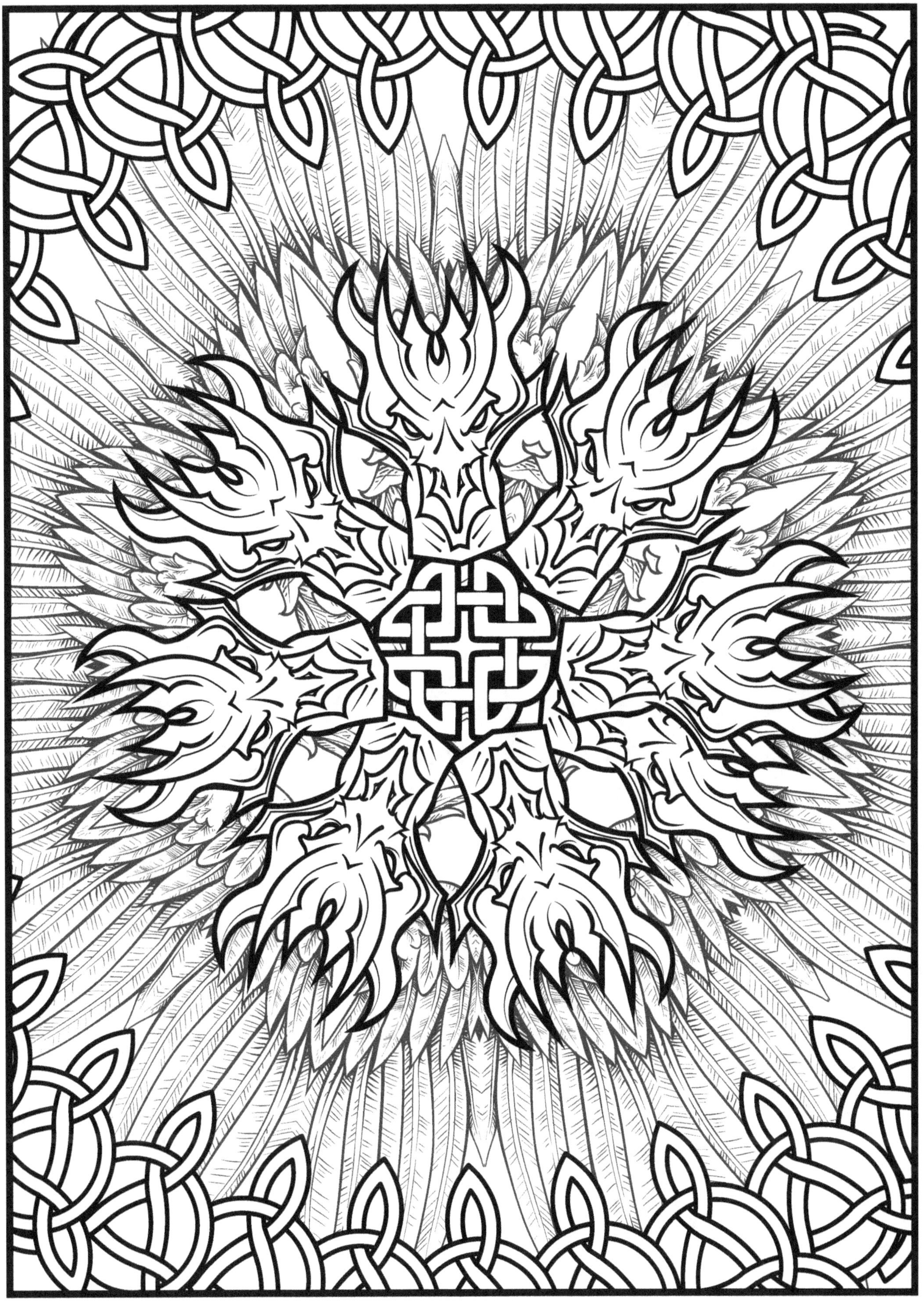

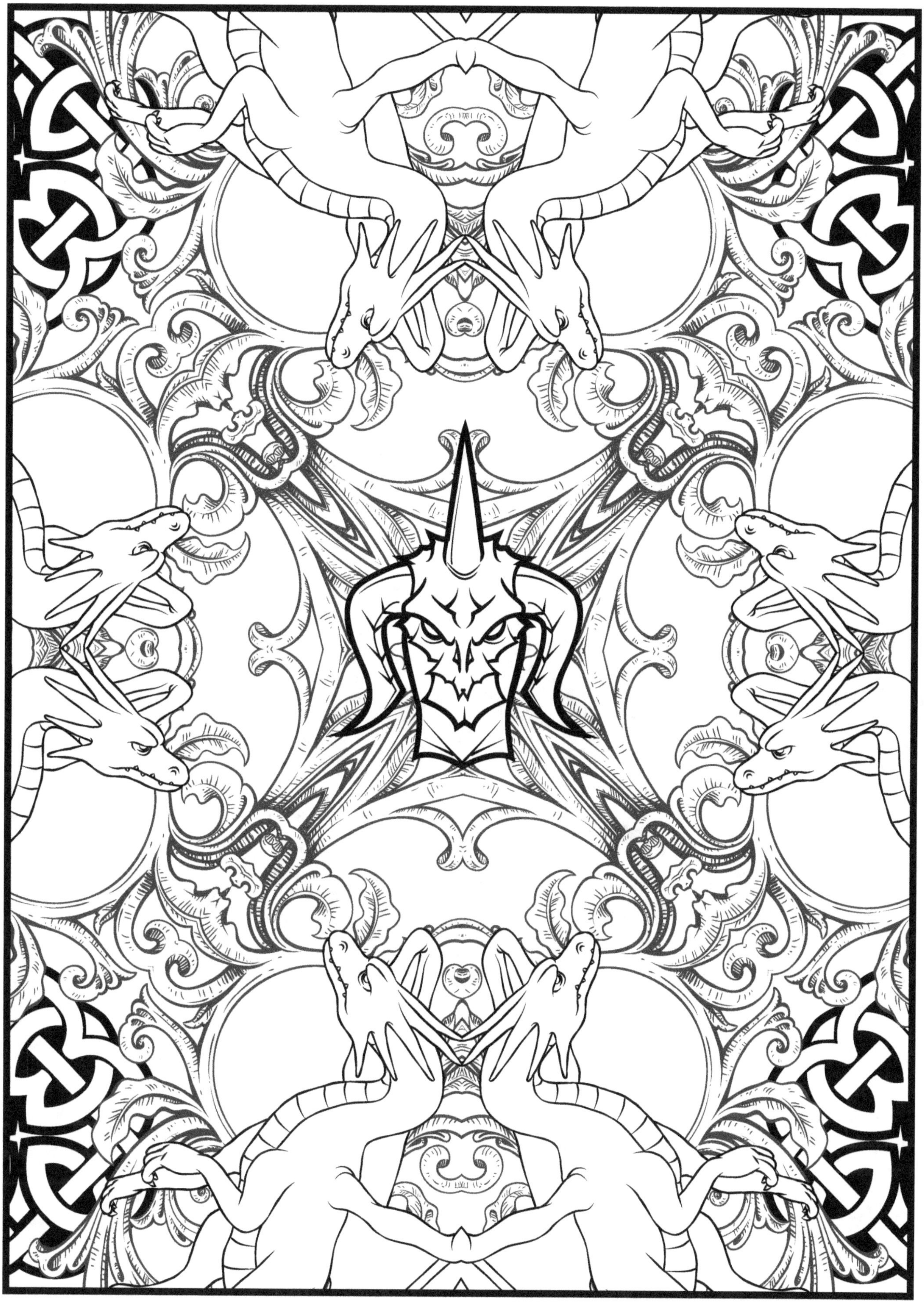

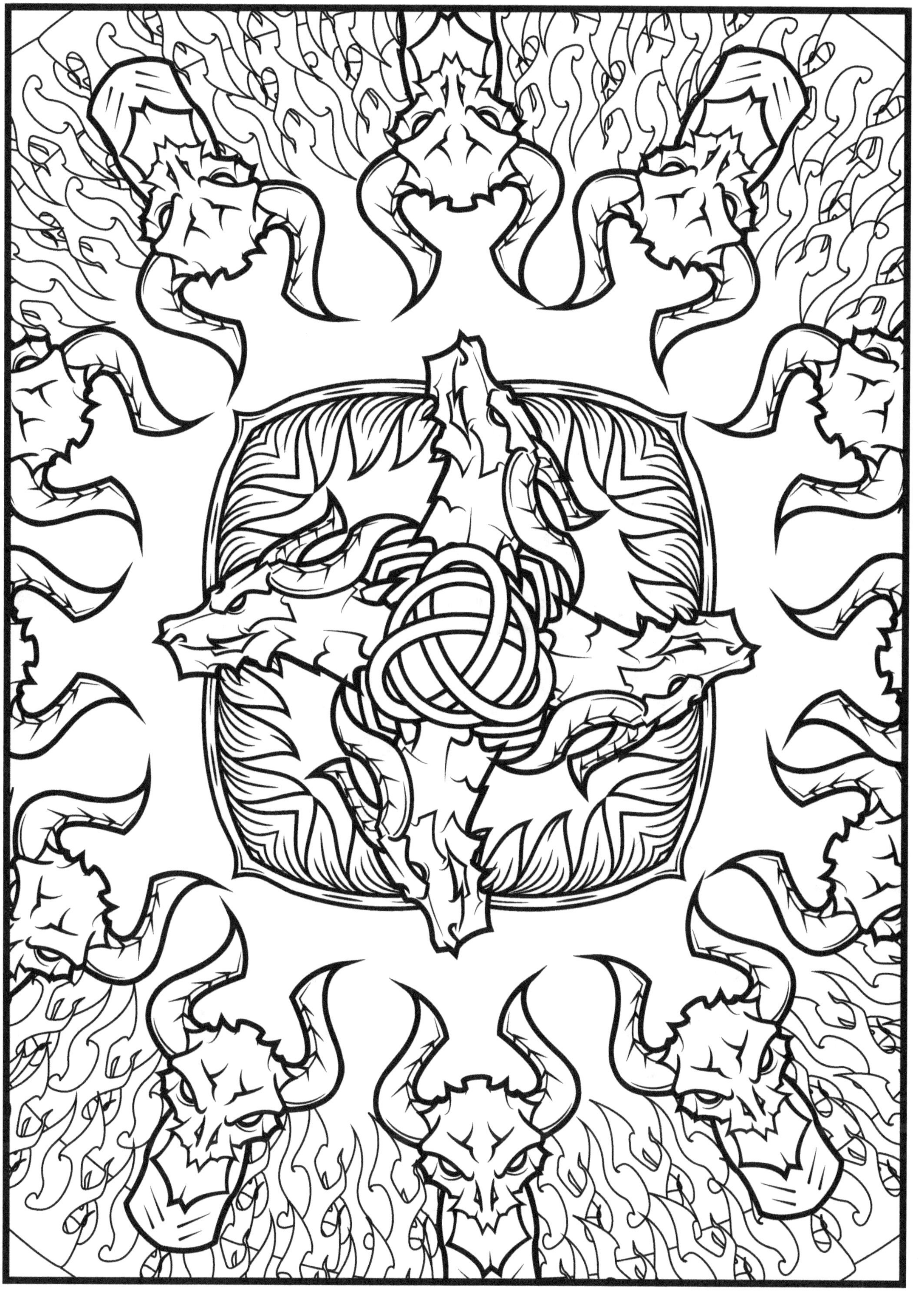

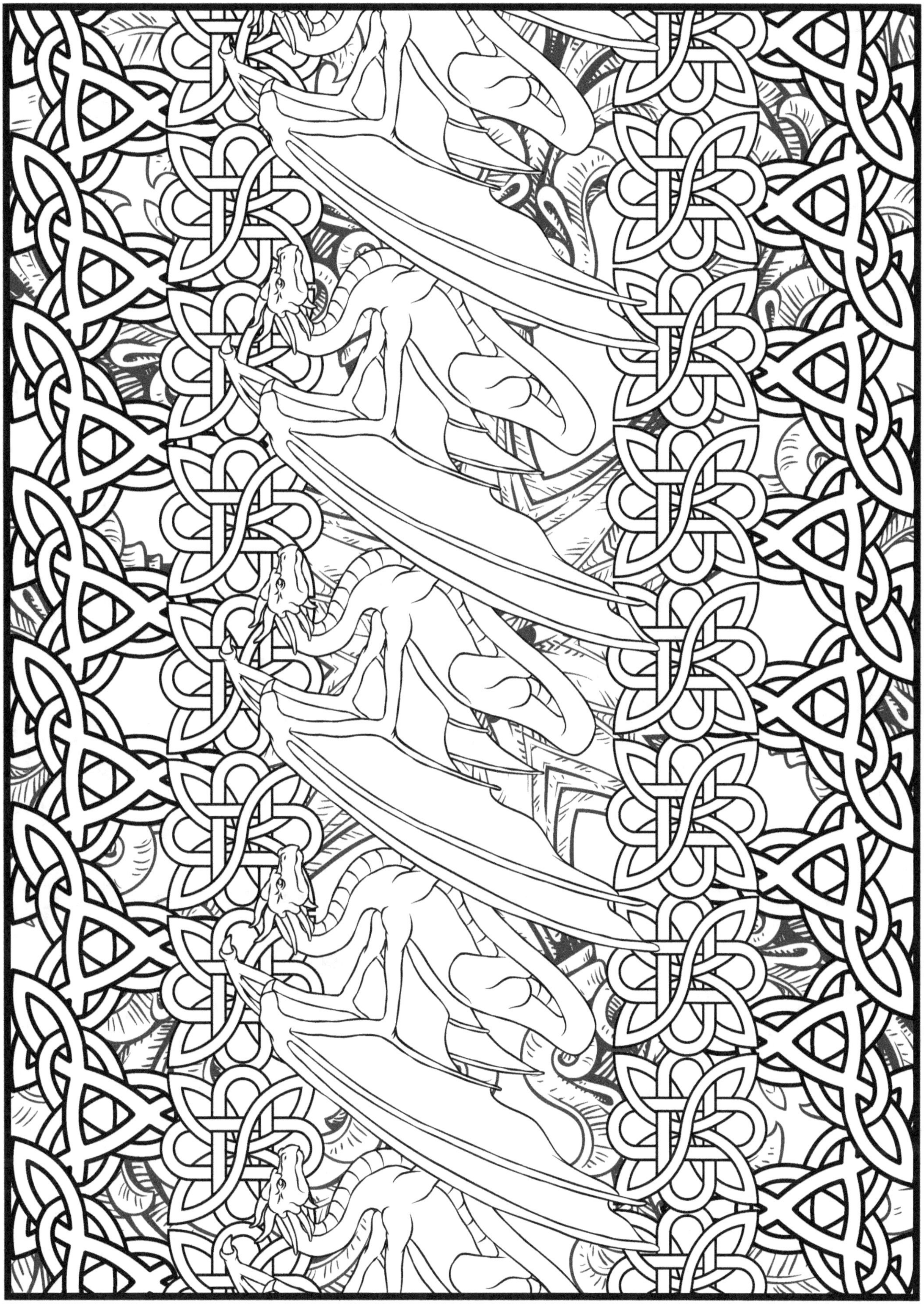

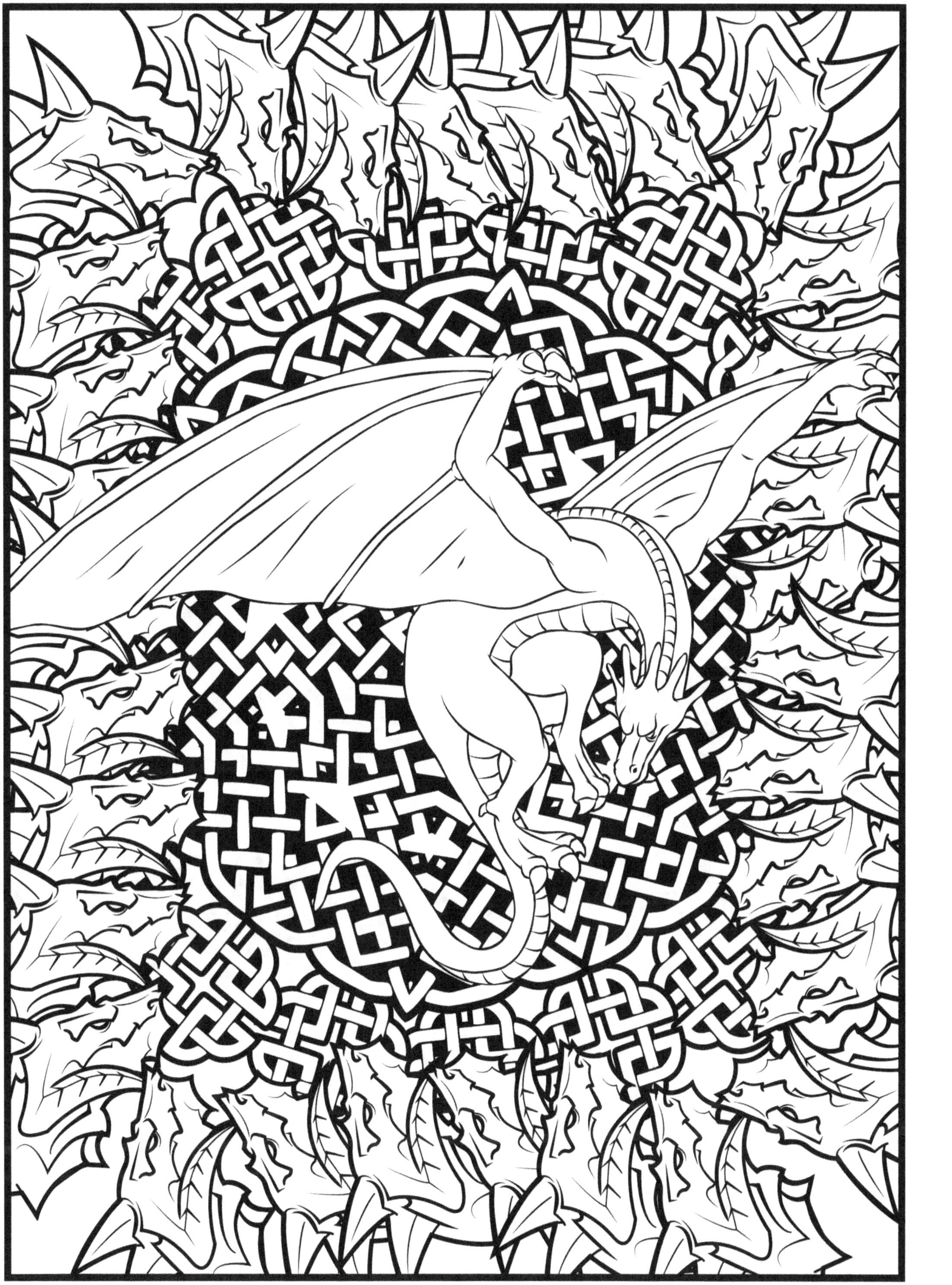

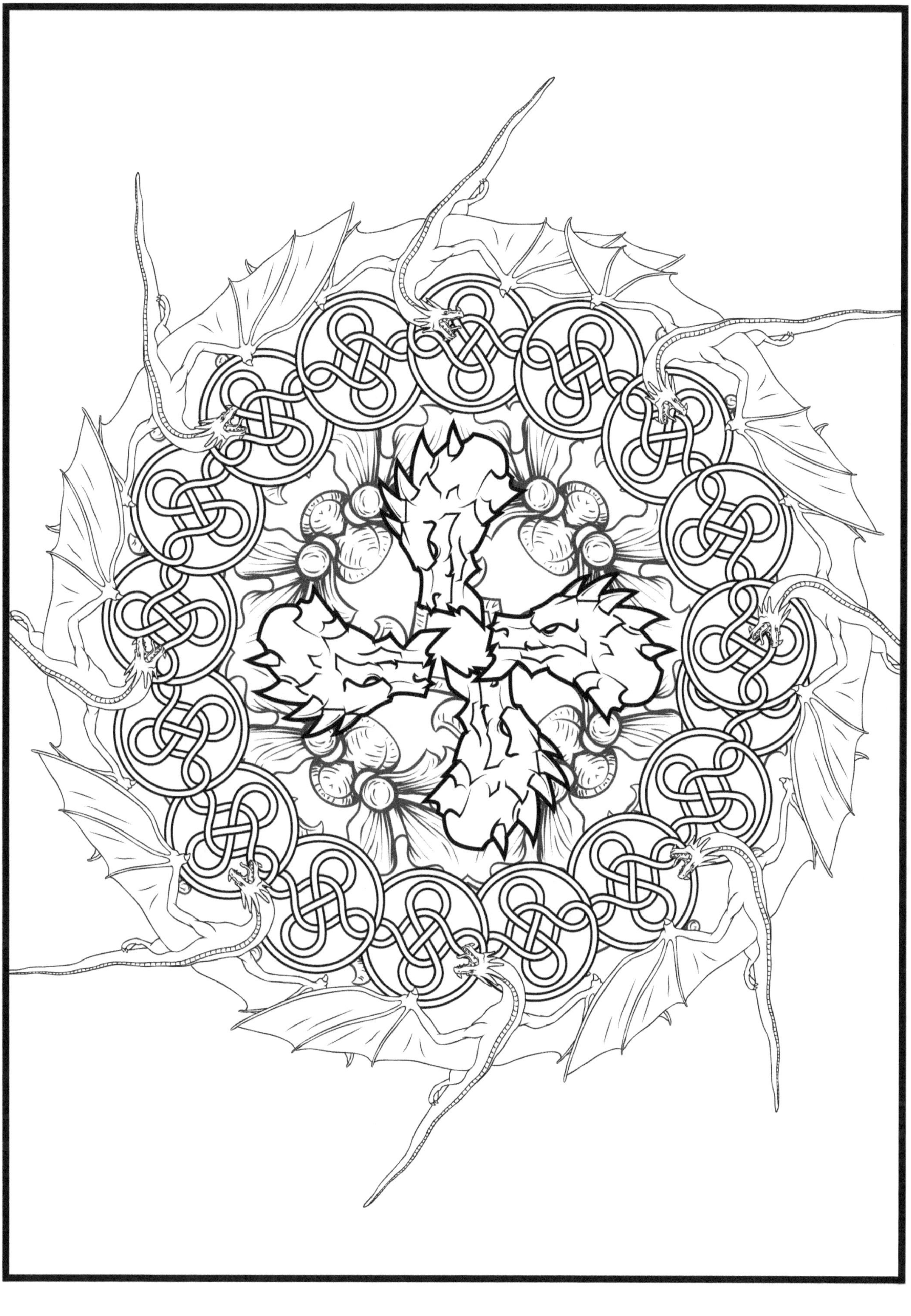

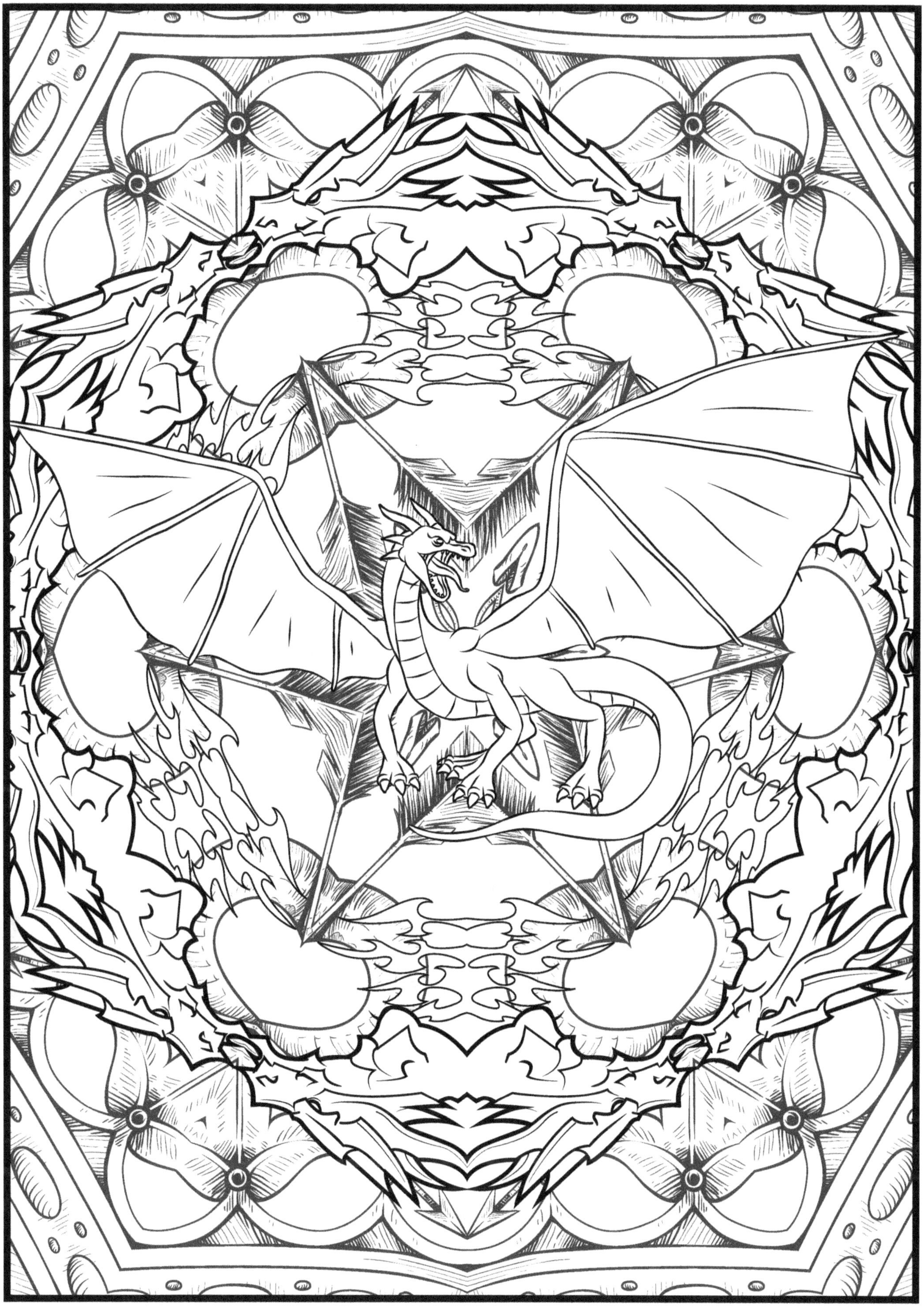

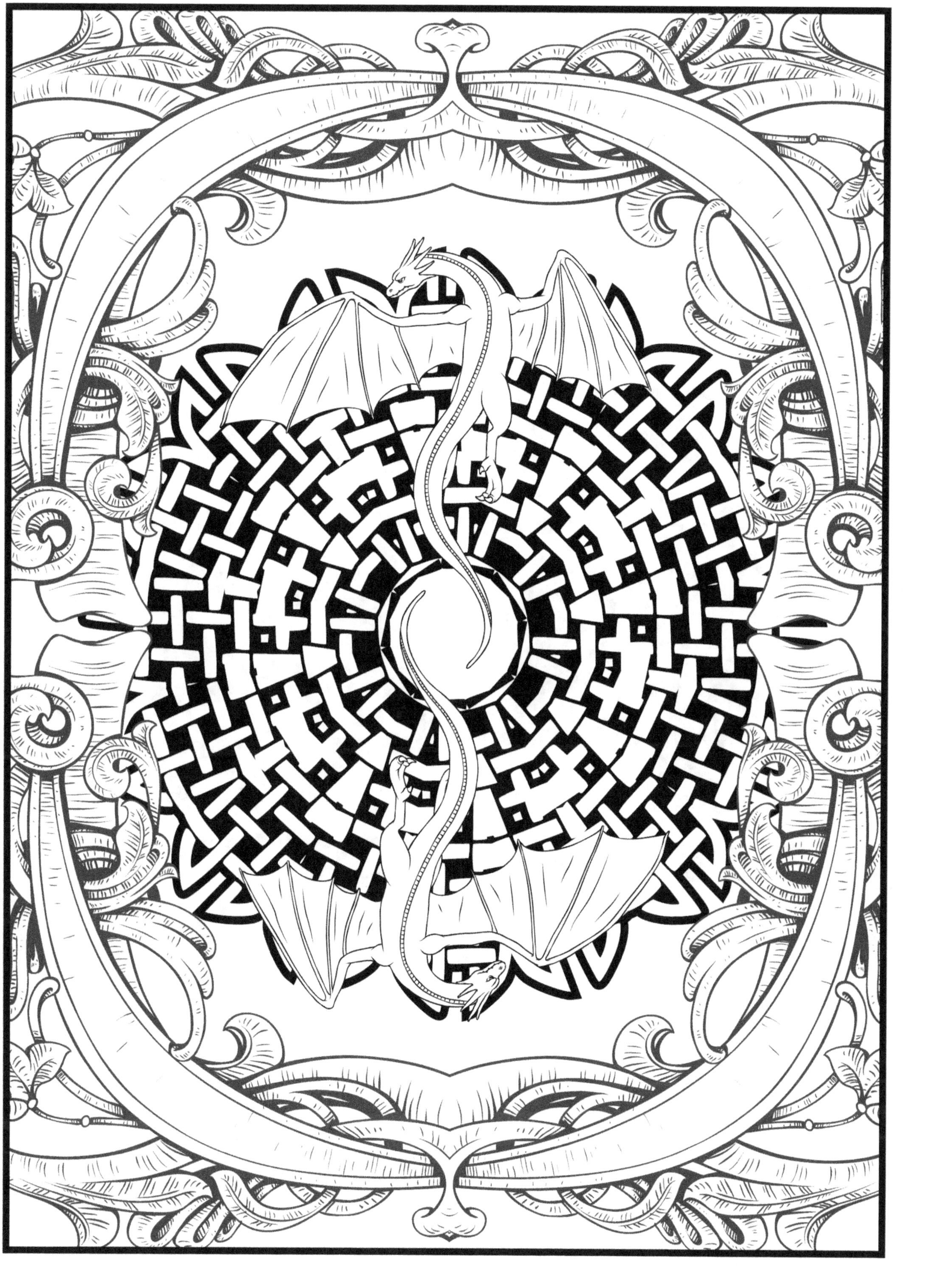

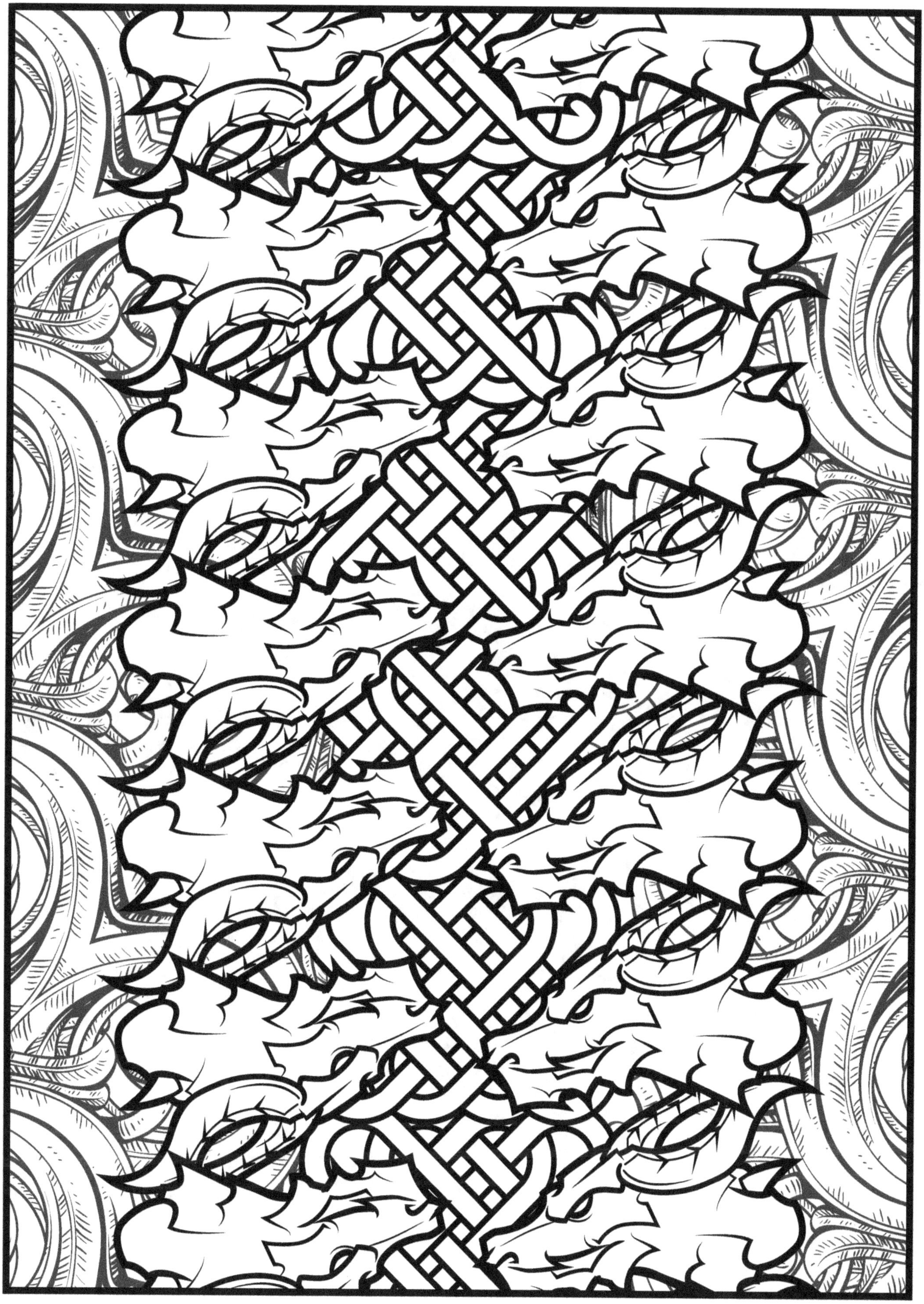

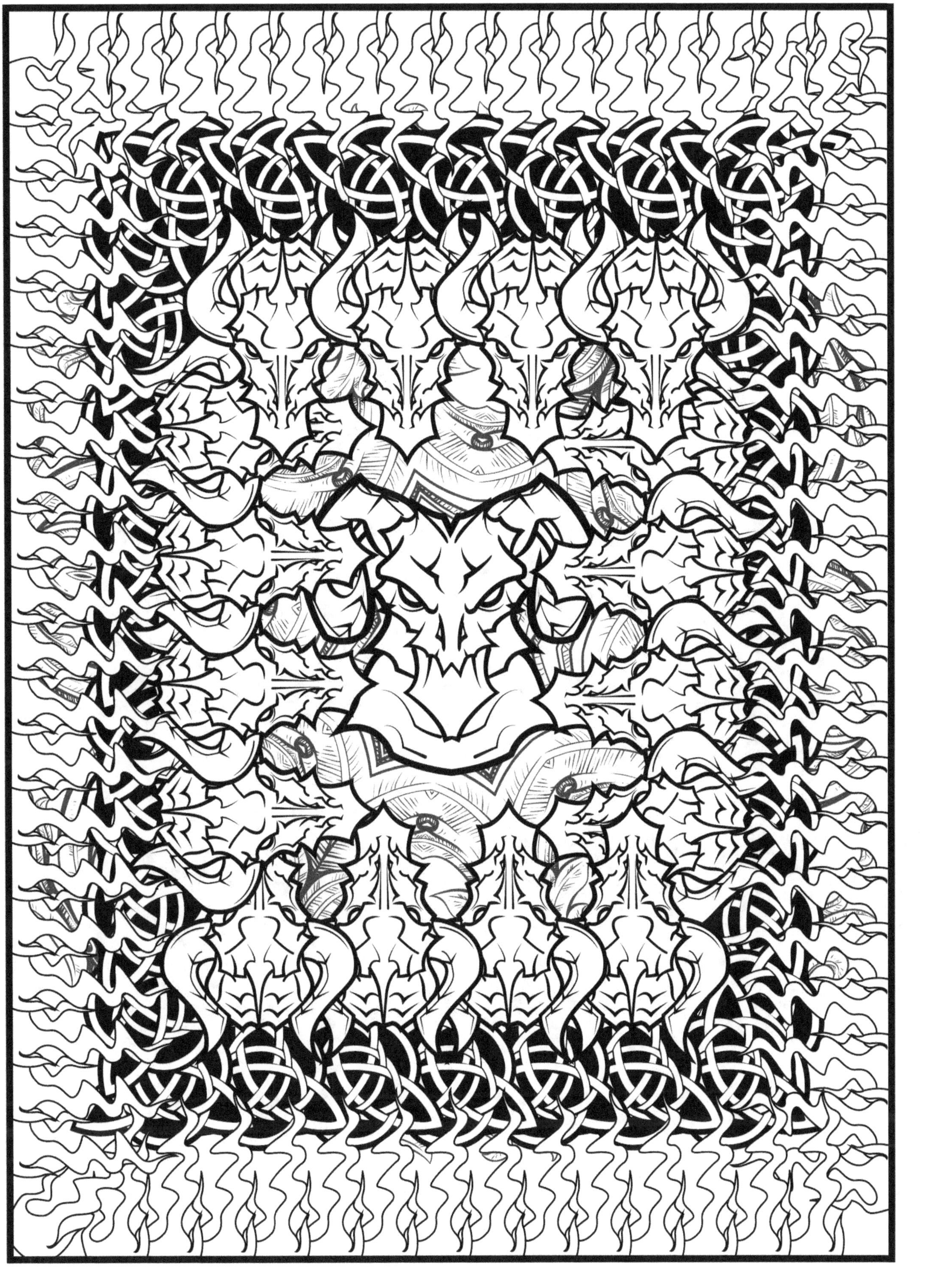

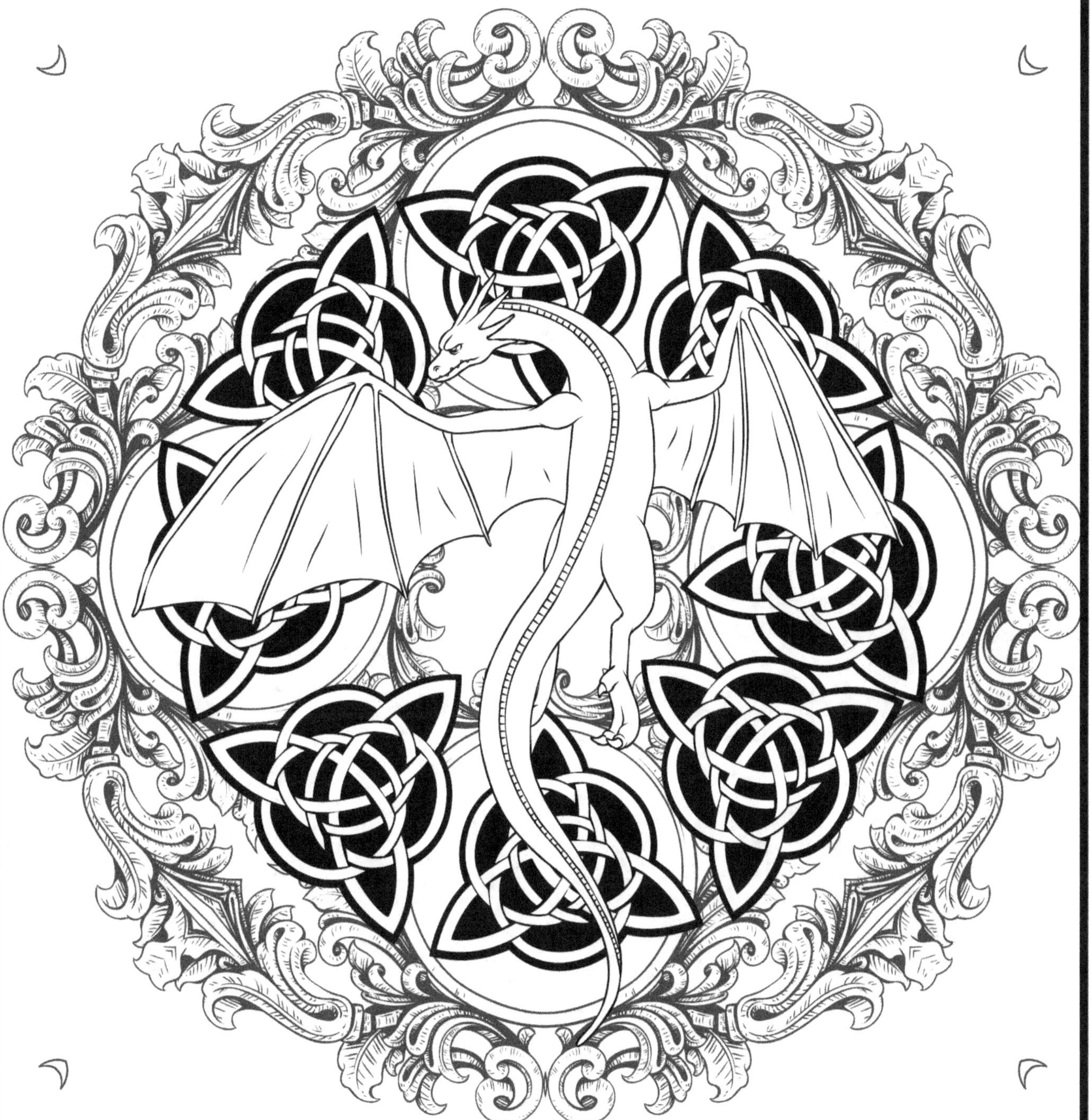

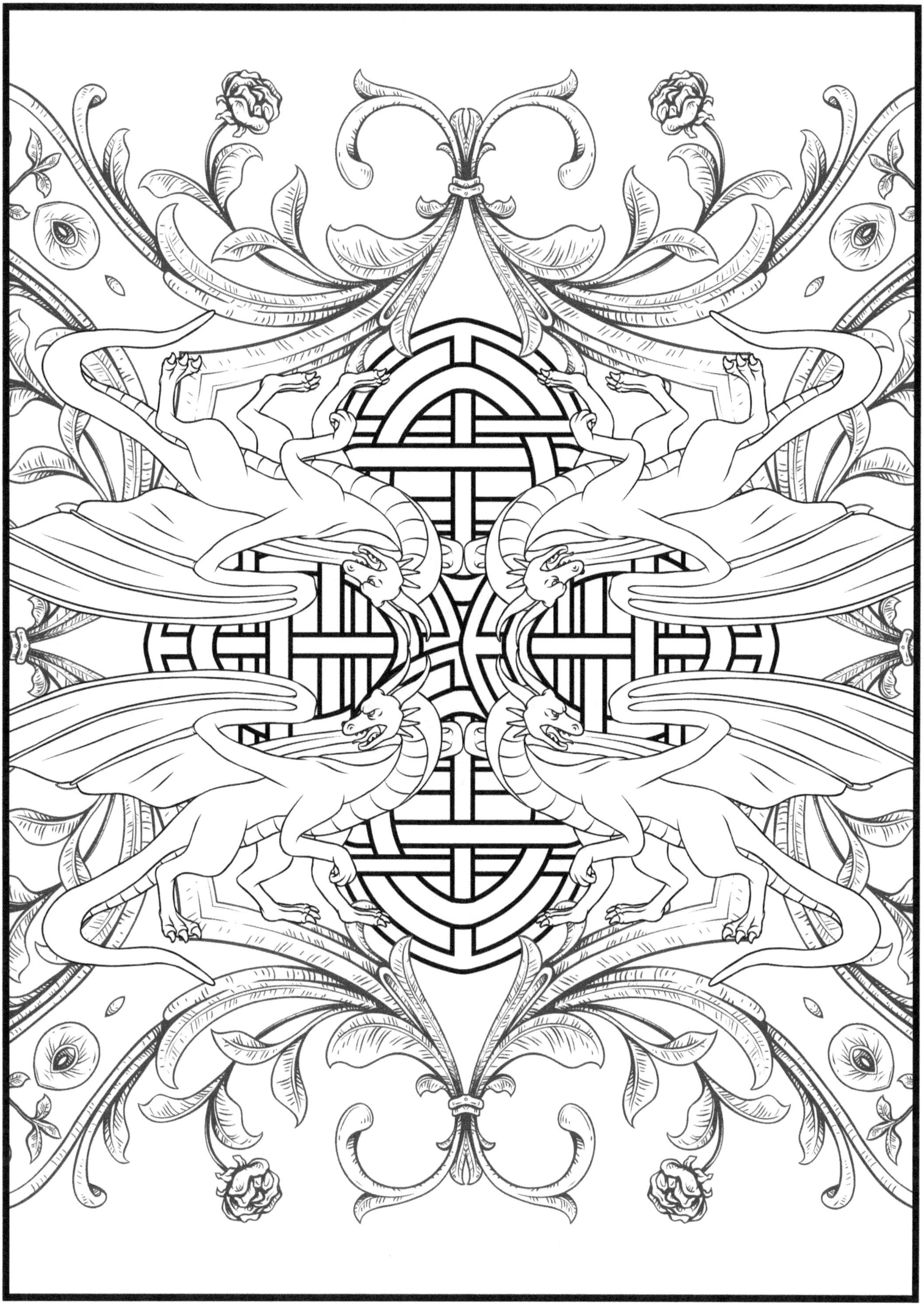

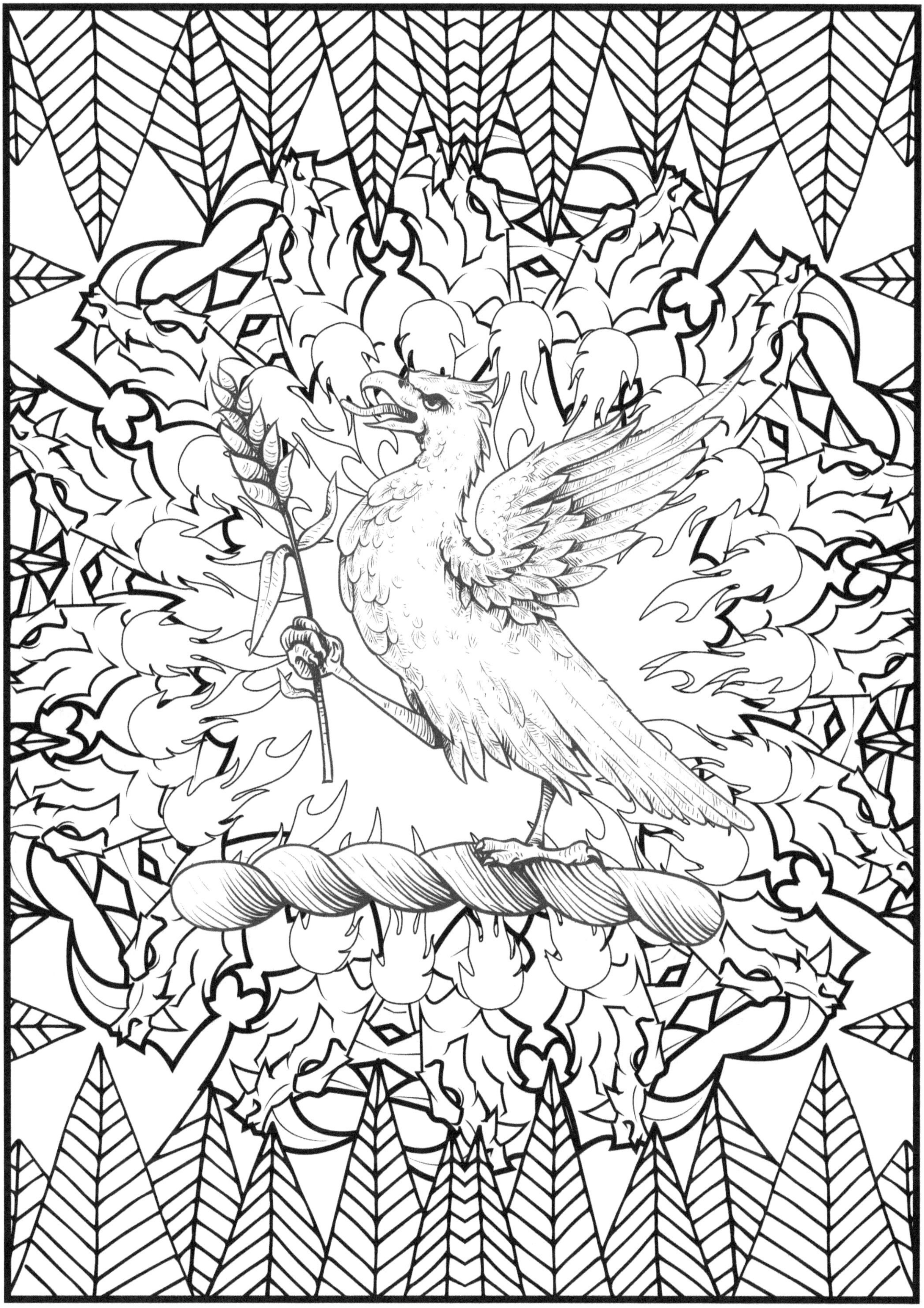

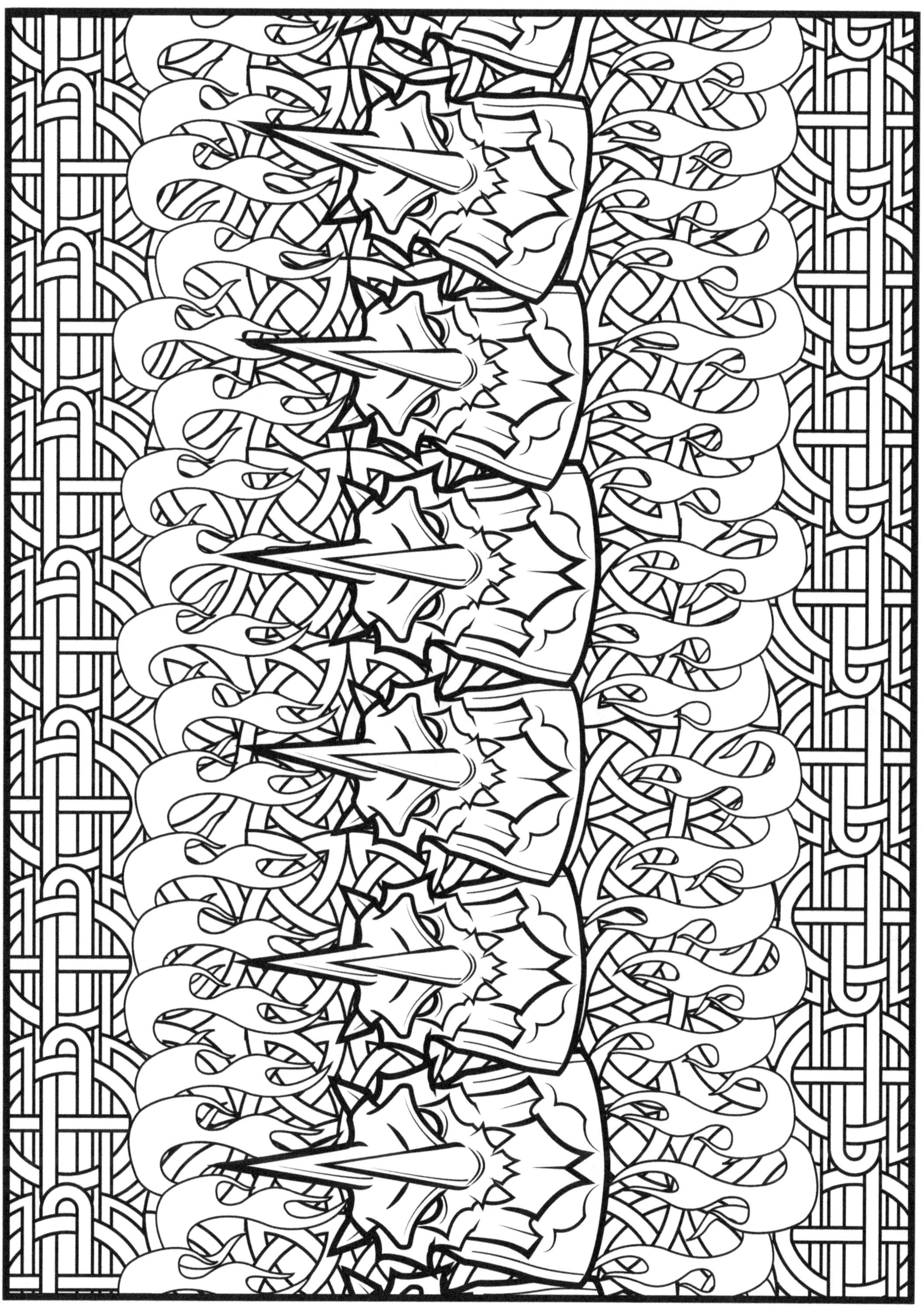

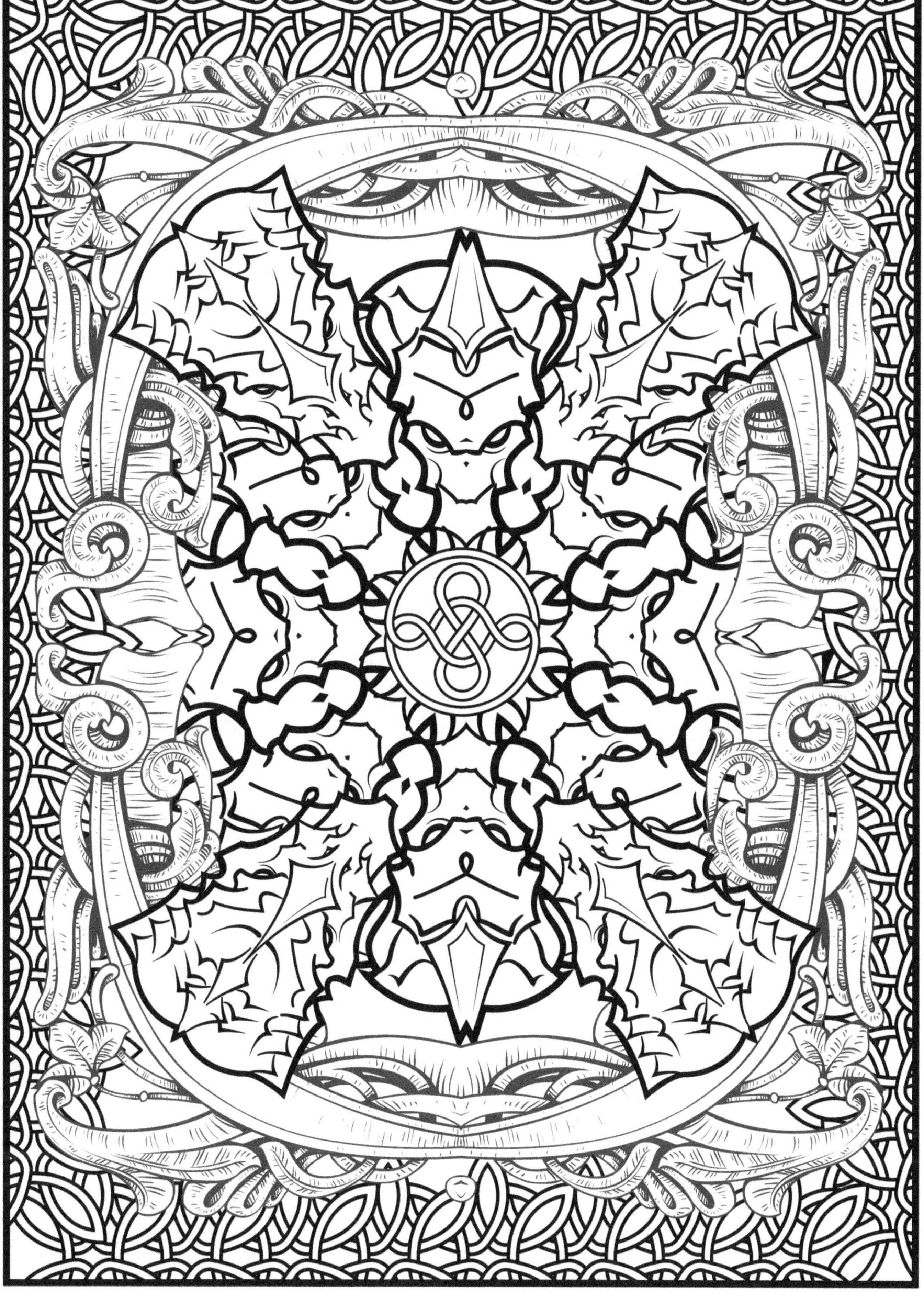

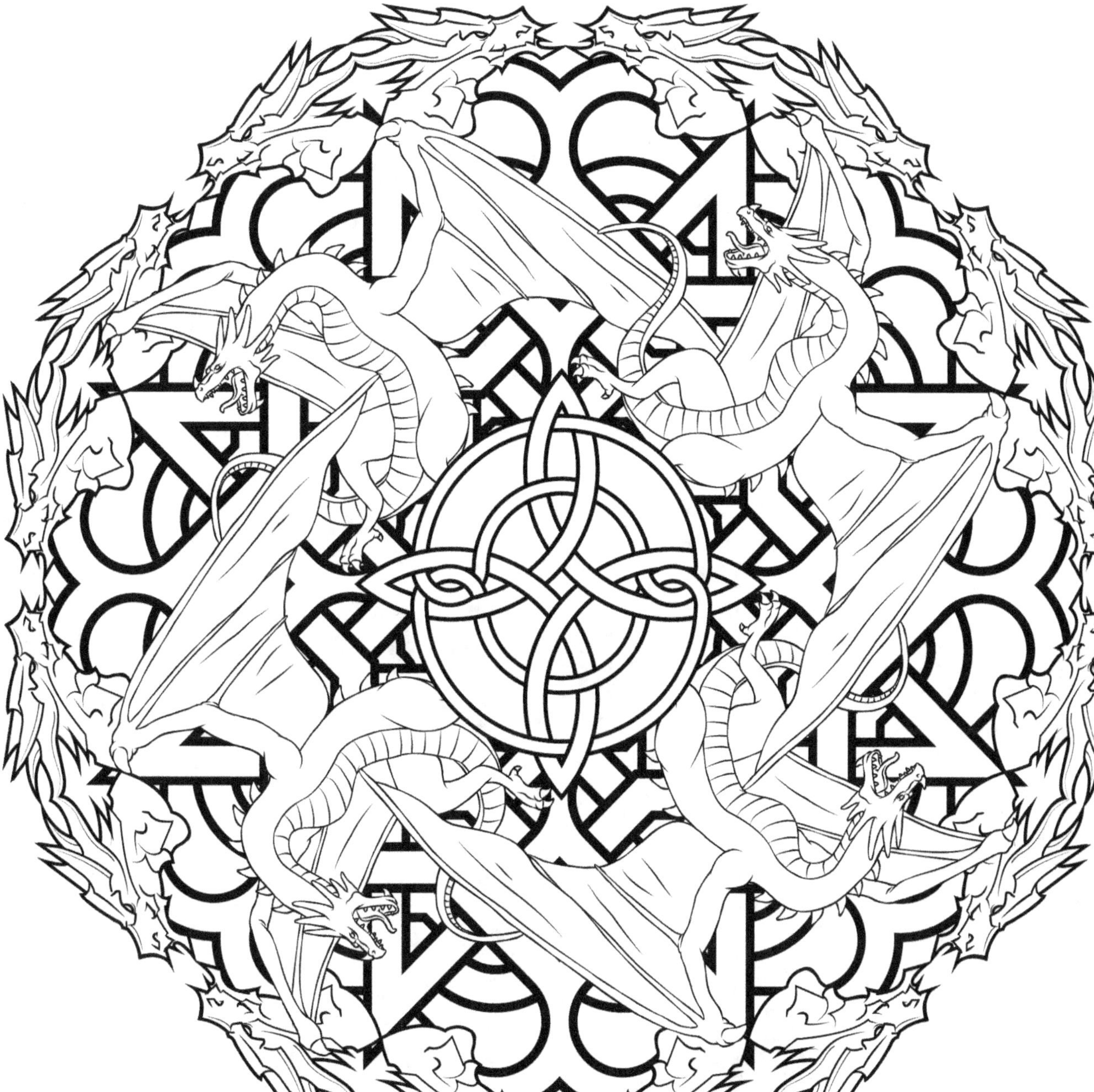

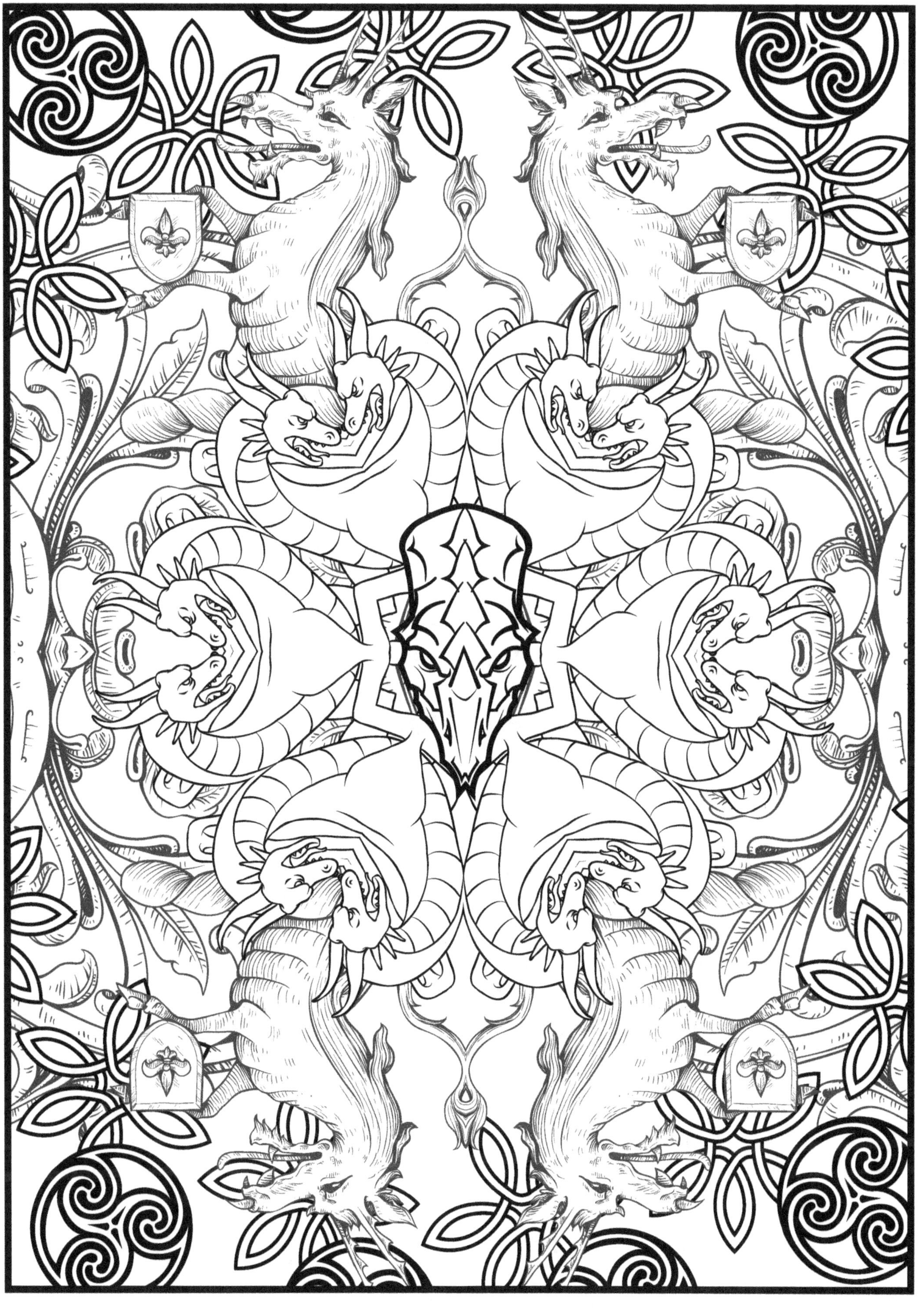

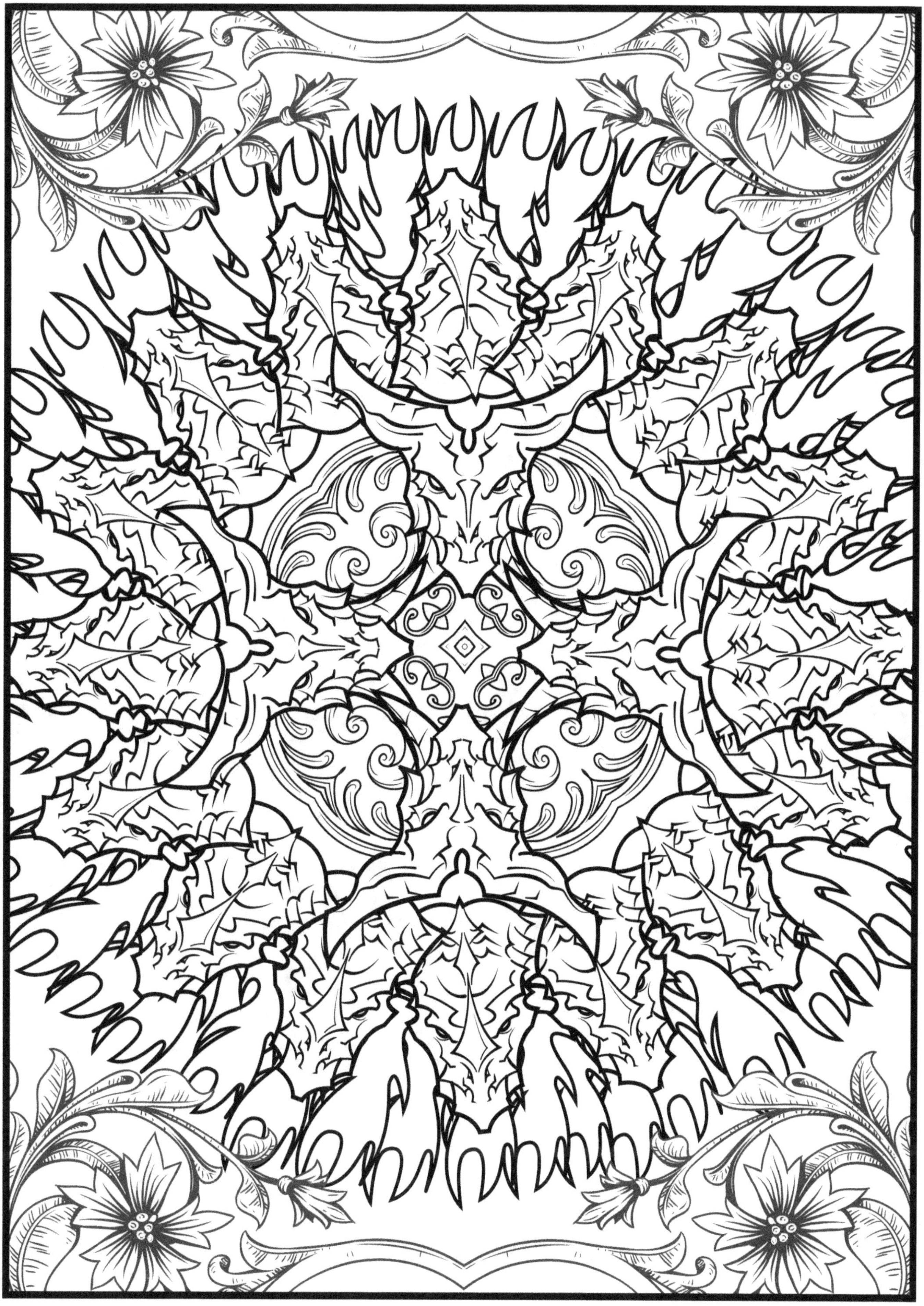

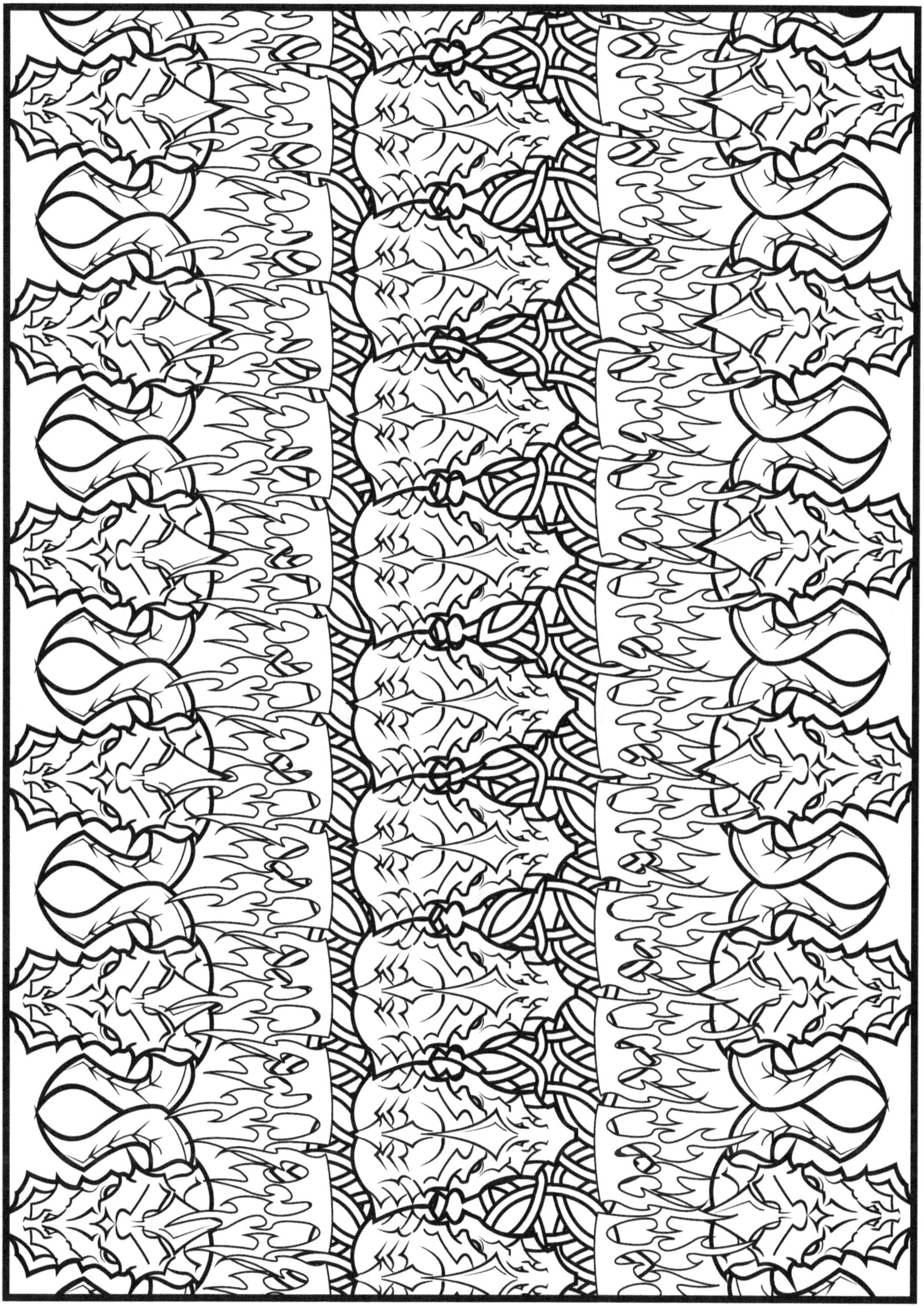

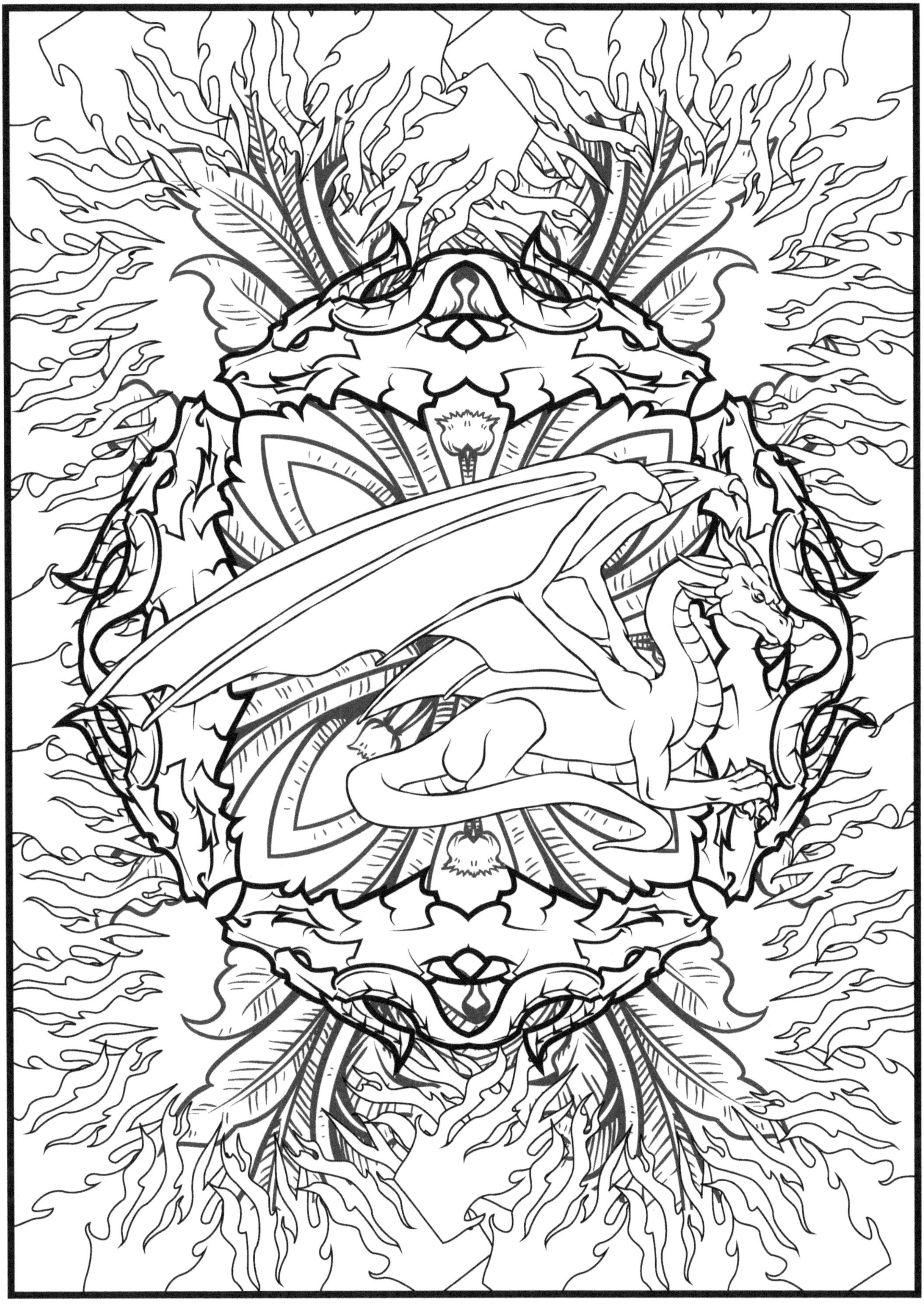

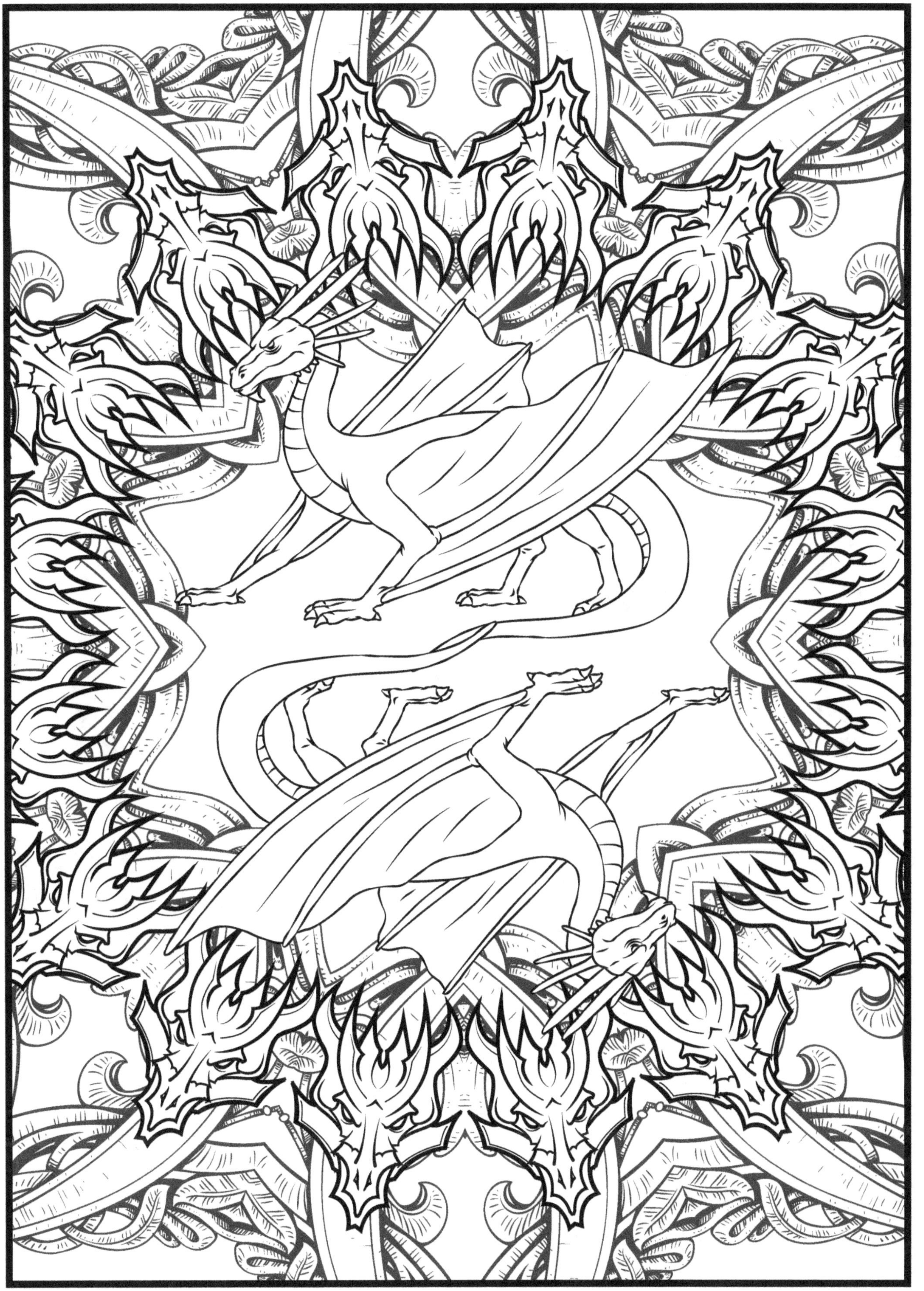

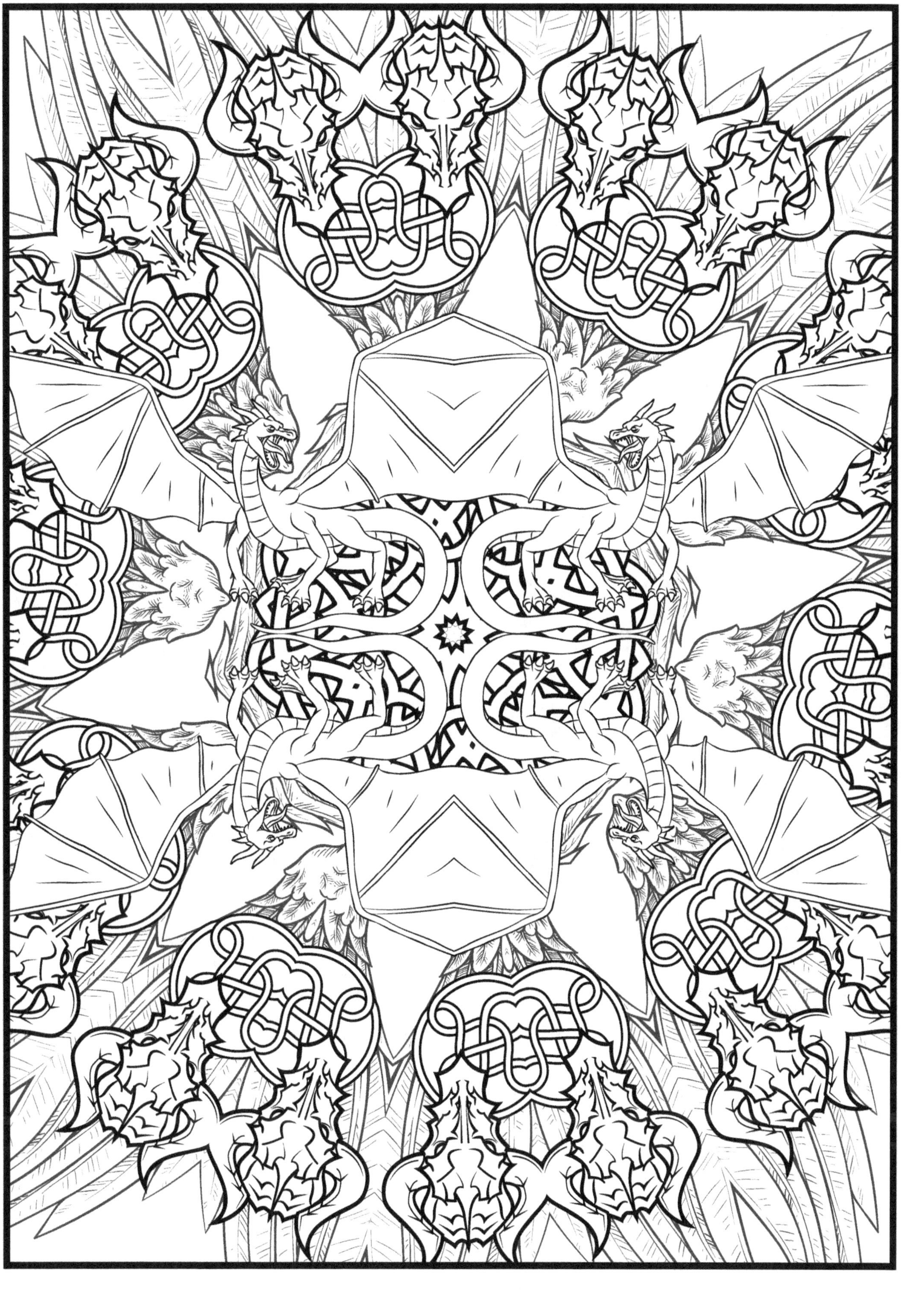

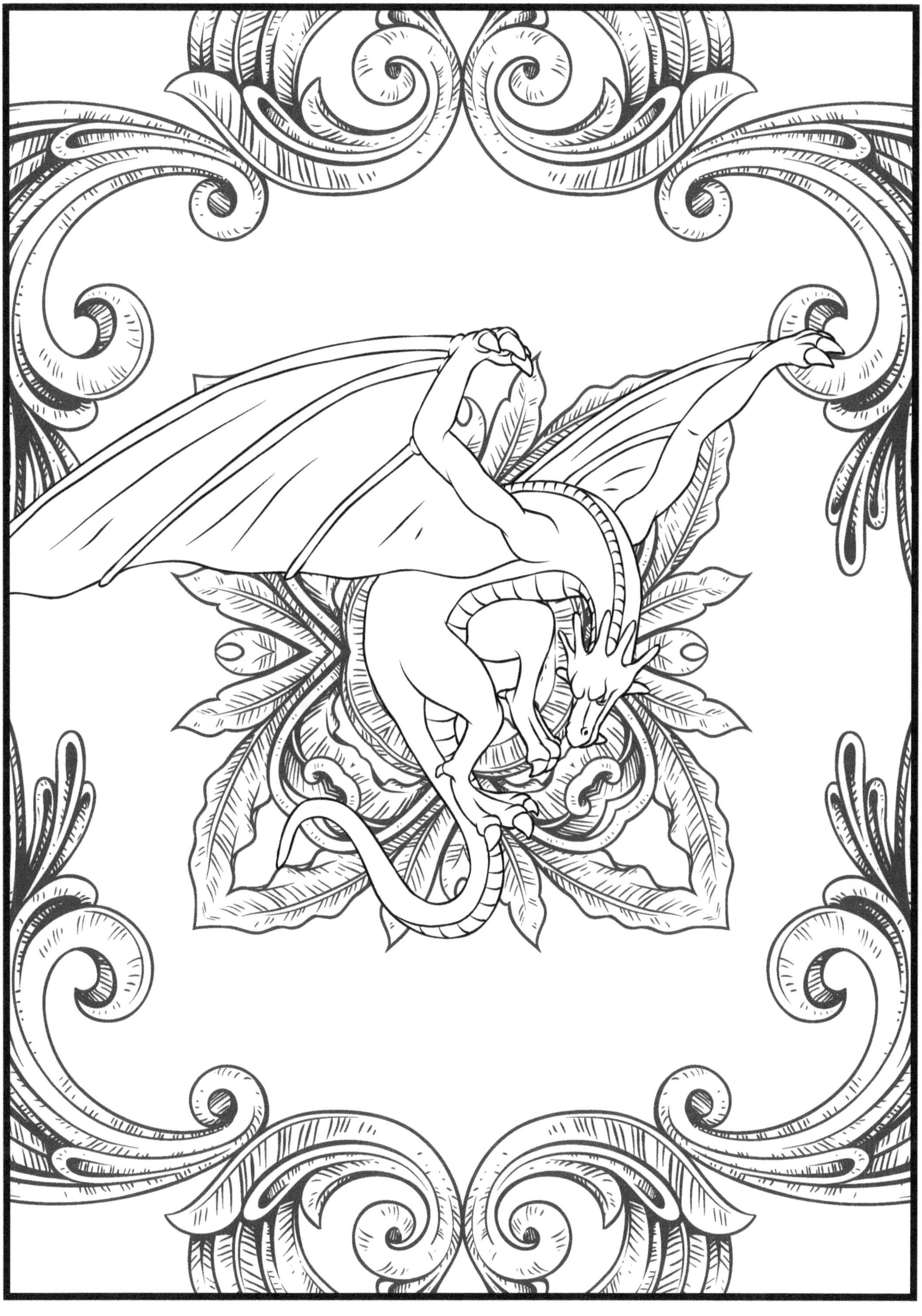

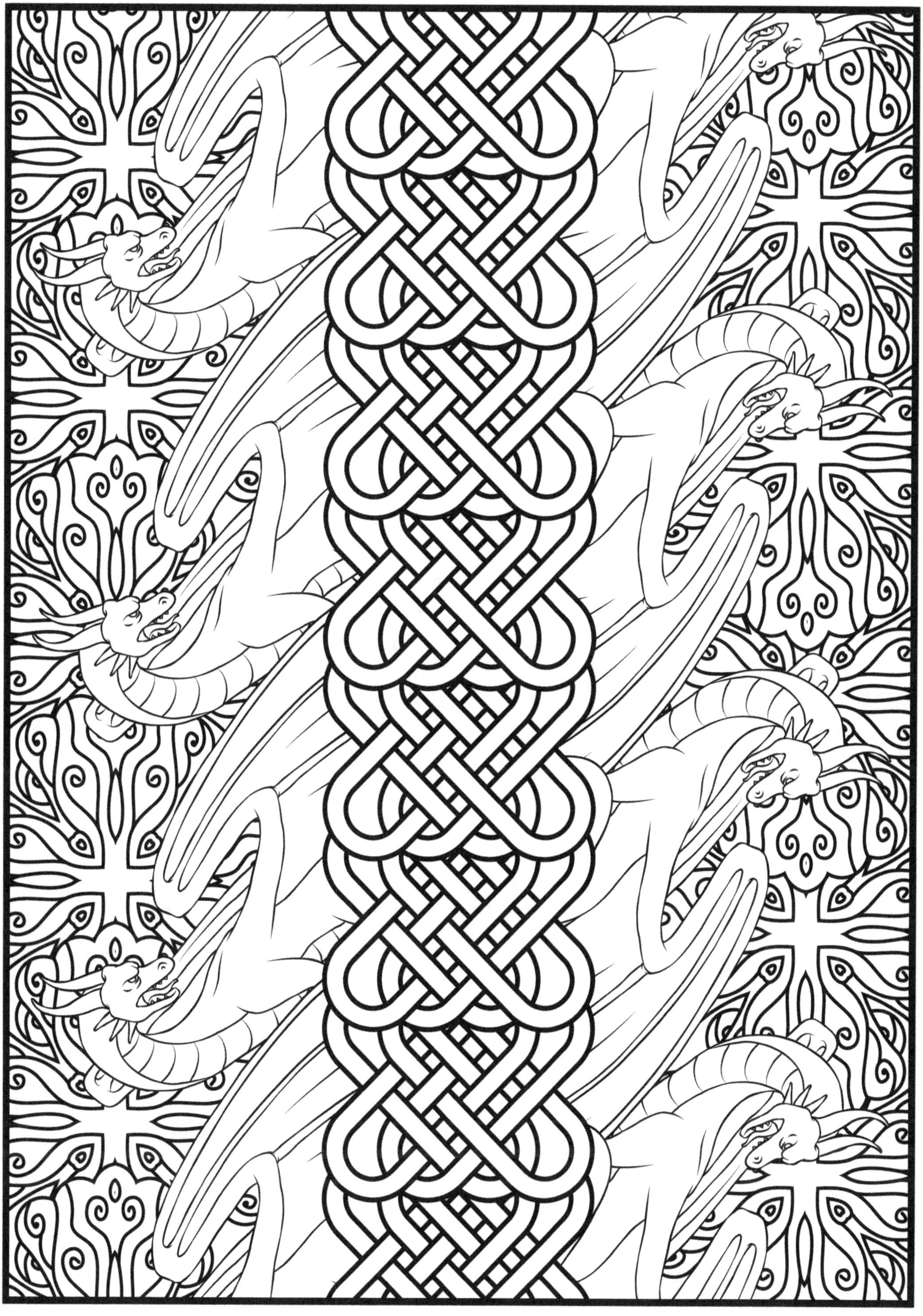

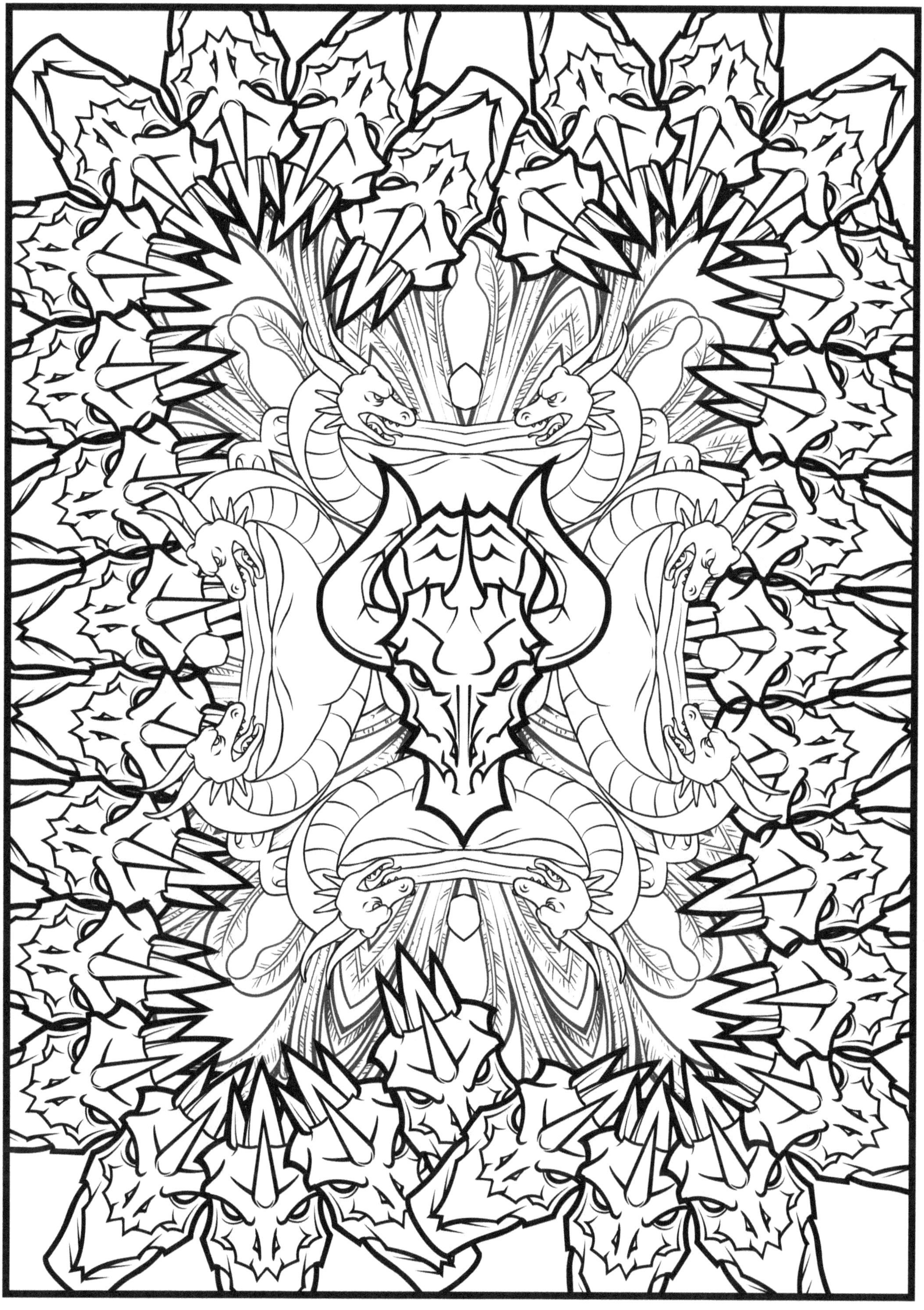

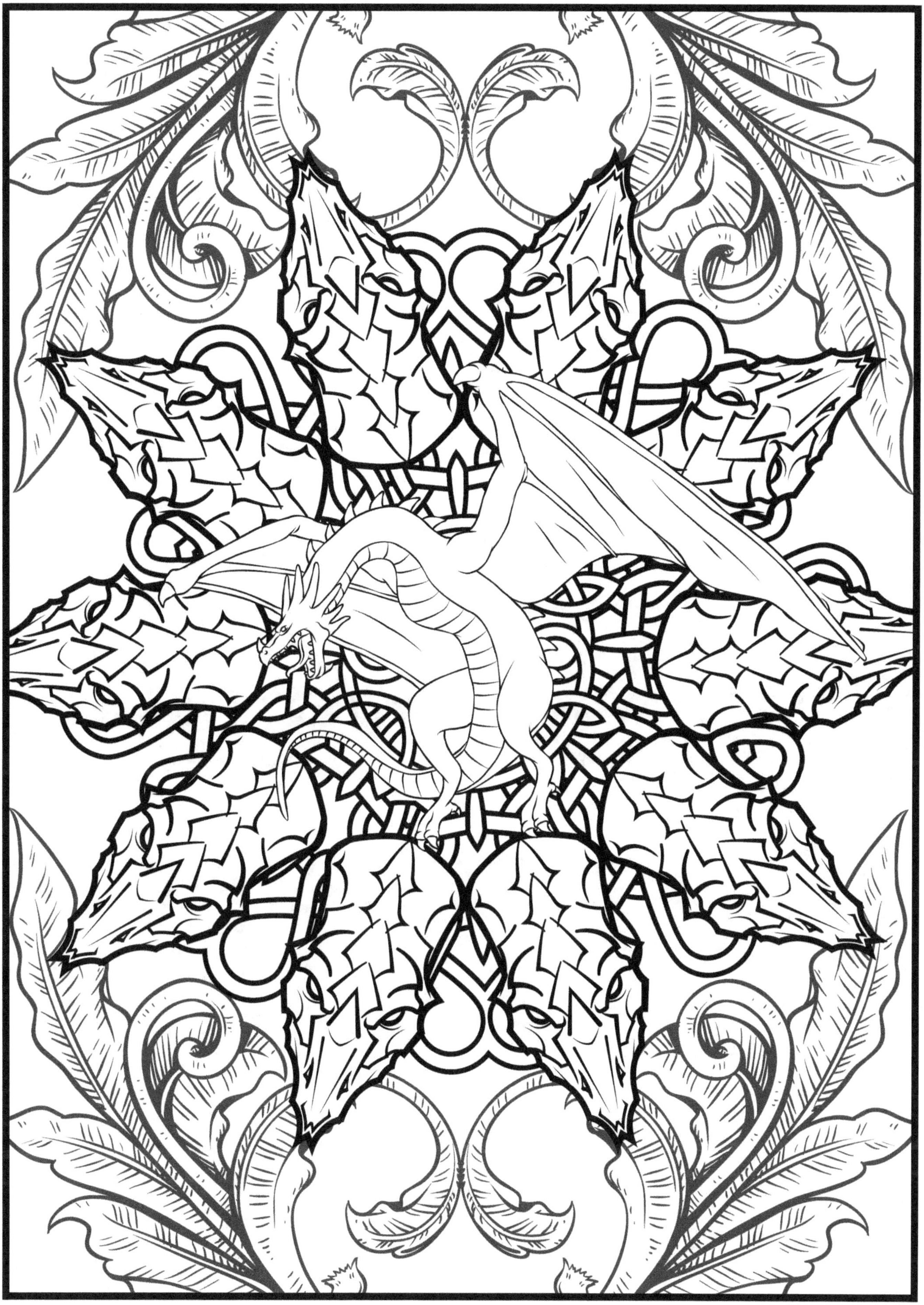

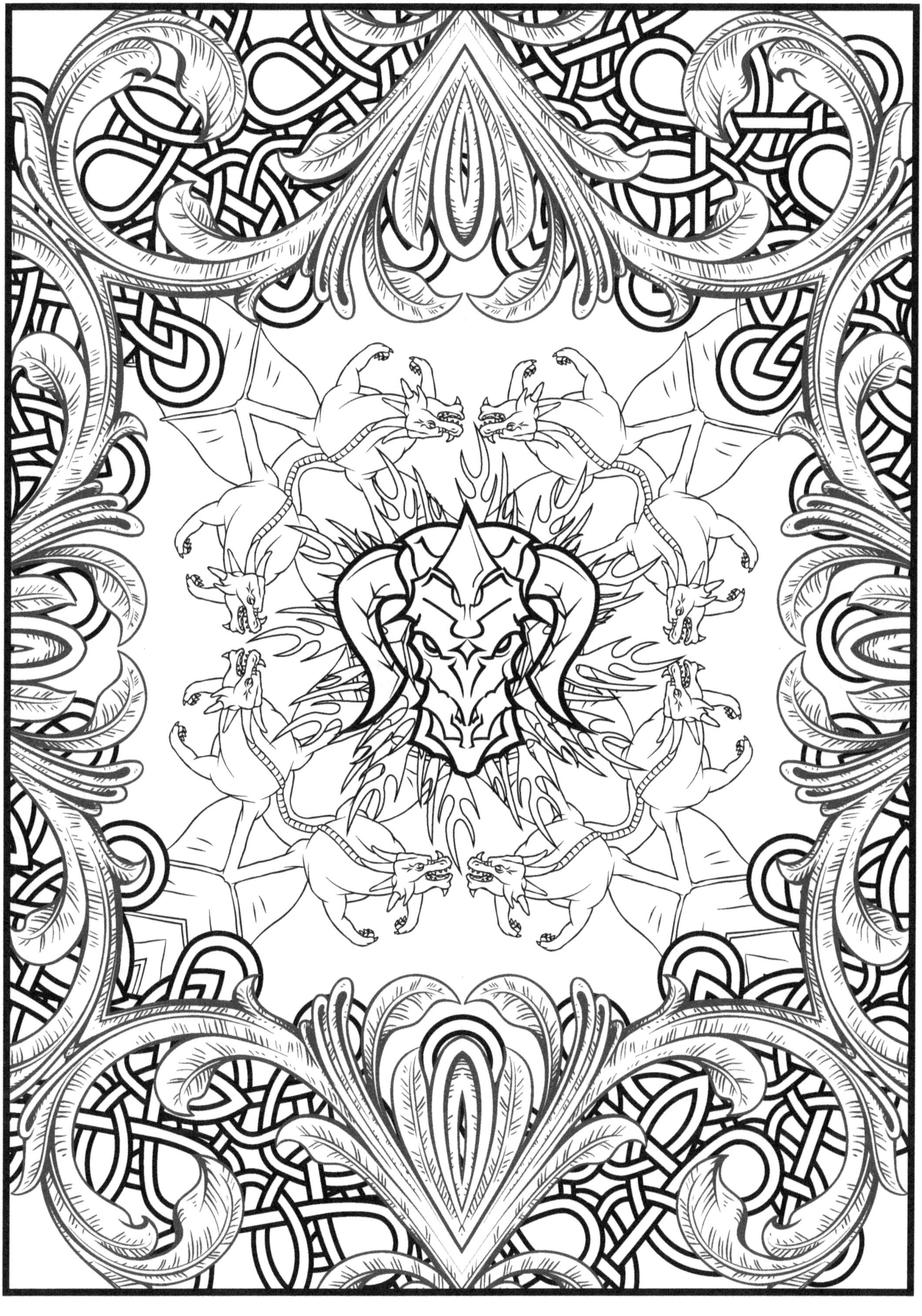

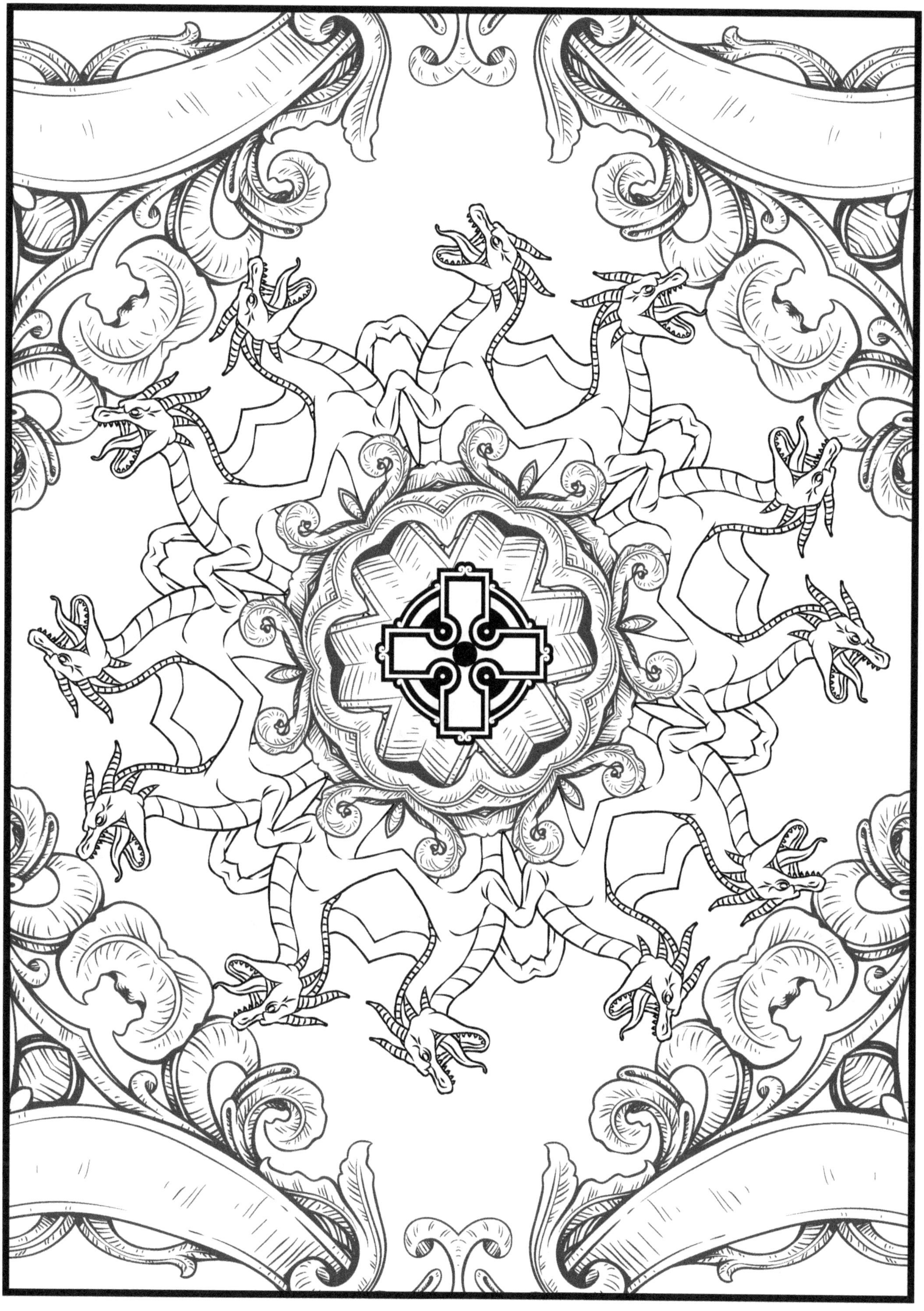

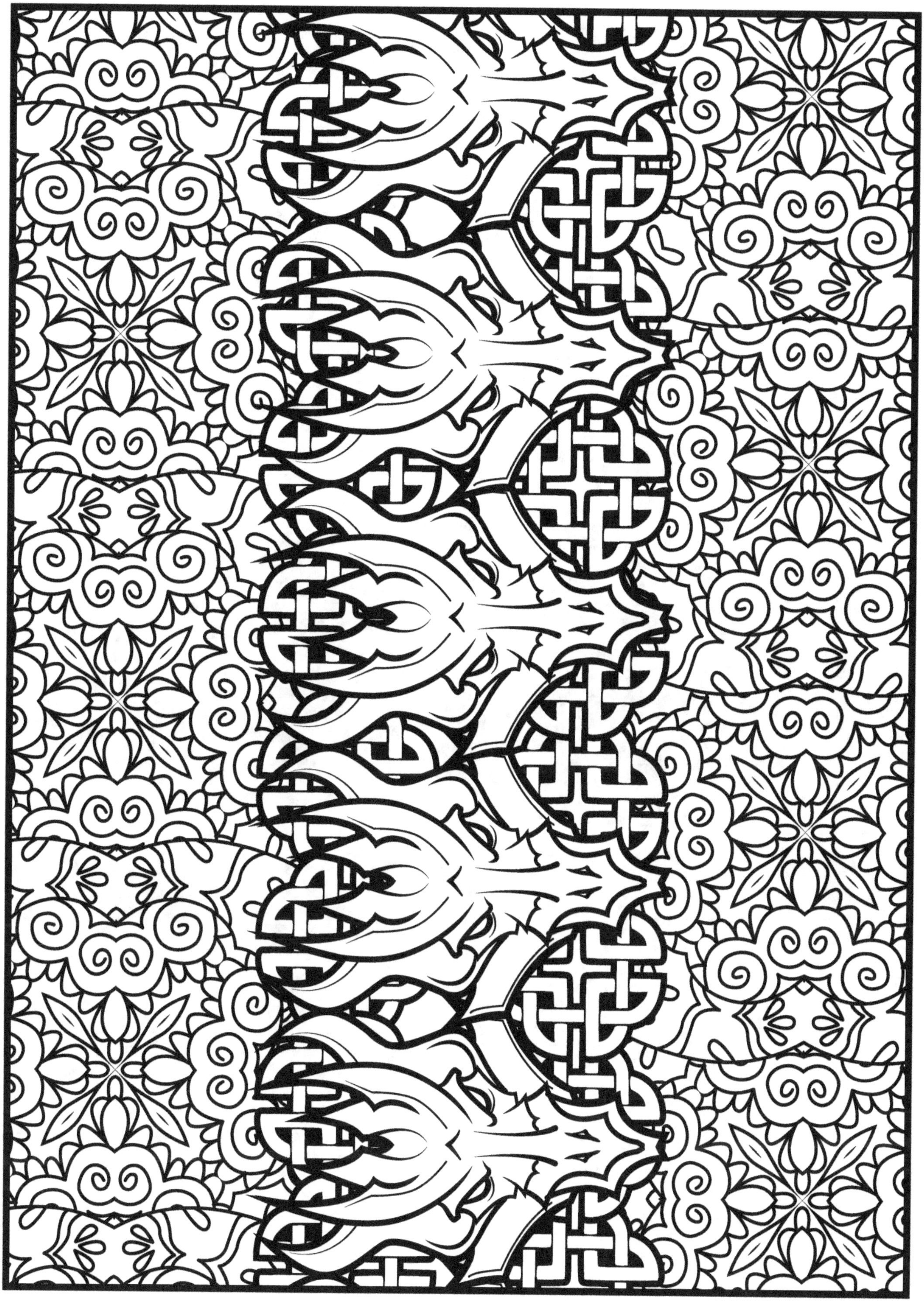

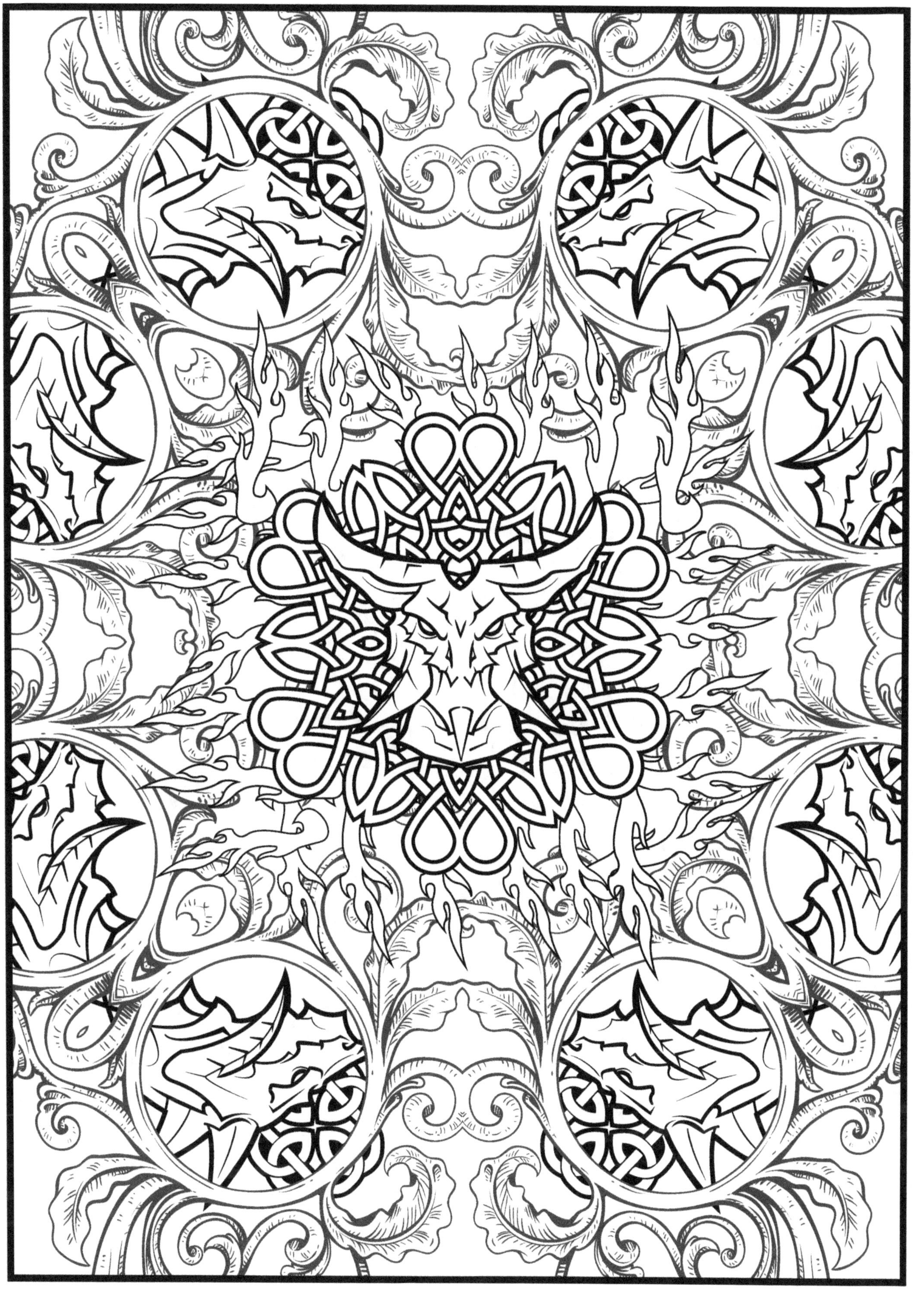

ontent.com/pod-product-compliance
e LLC
<
JB/3489
8 1 5 1 9 5 9 0 4 8 0 *